Waiblinger Wundertüte

Geschichten
von großen und kleinen Leuten

Herausgegeben in Zusammenarbeit mit dem Heimatverein Waiblingen e.V.
Gesellschaft für Stadt- und Kunstgeschichte

Druck: Druckerei R. Kuppinger GmbH, Weinstadt
Bindung: Verlagsbuchbinderei Karl Dieringer GmbH, Gerlingen

Fotonachweis mit Seitenangabe:
Gabriel Habermann: 5, 28 - 34, 50, 54, 93
Ursel Sauerzapf: 5, 7, 41, 56, 57 - 63, 75, 77, 78, 95, 103 - 106, 115 -118
Harald Sauter: 9 - 12
Rainer Bernhardt: 92
Karl Hussinger: 96, 97
Helmut Proß: 65, 100
Klaus Ritter: 13, 15, 16
Iris Förster: 20, 110 -114
Leon Wiedenhöfer: 62
Stadt Waiblingen: 82
Heimatverein Waiblingen: 17, 23, 24, 51, 56, 71, 72, 75, 87, 92, 93, 99
alle anderen Fotos: privat

Verlag Iris Förster, Waiblingen 2013
ISBN 978-3-938812-20-4

*Für Babette, die ganz
schnell eine Waiblingerin
geworden ist,*

eine :

Waiblinger Wundertüte

Geschichten von großen und kleinen Leuten

Inhalt

Vorwort 6

Sag mal… 8

Siegfried Bayer – „Wir woll'n nicht Müller oder Maier" 13

Der Müller stand mit dem Teufel im Bunde 20
Lydia Hahn: Ein Leben in der Bürgermühle 22

Vom Anziehen und Umziehen 25

Waiblingen lag ihnen zu Füßen – Homestory aus dem Hochwachtturm ... 30
Hundeleben im Hochwachtturm 35
Wie Berthold und Martin sich die schöne Hildegard teilten,
obwohl es gegen die zehn Gebote war 36

Elisabeth Göbel – Von Dauerlutschern, Bärendreck & kleinen Schulden.... 46

Vom Stadtführer, der auszog, das Fürchten zu lehren 51

Viehmarkt – Jahrmarkt – Immobilienmarkt 55

Wie Kinder ihre Stadt erobern und was sie vermissen 58
Schafft die Spielplätze ab! 62

Armin Bauer – Büttel, Buchdruck, Bits@Bytes 64
Hilfe, ich bin offline! 69

Der Handwerkerbuckel 71

Ein feuriger Gemeinderat 74
So nicht! 78

Gebt unsere Stadt frei! 83
Aus dem Tagebuch einer Einundzwanzigjährigen 84
Die letzten Stunden: Fragen an die Geschichte 86

Was macht der Jäger an der Kirche? 91
Das Ding mit dem Barfuß 94
Schreckensbleiche Architekten und sparsame Schwaben 96

Anschubhilfe für die Daimler'sche Motorkutsche 98

Ich sehe was, was du nicht siehst 101

Aygül Aras – Und immer suchst du nach Liebe und Frieden 103
Wenn das Glaube ist.. 106

Frieder Bayer – Jesuslatschen als Unterwanderstiefel 110

Kinderspiele 115

Des Rätsels Lösung 119

Vorwort

Ein Vorwort ist ein Vorwort ist ein Vorwort? Mitnichten!
Was soll da überhaupt drinstehen? Und muss das nicht ein Großkopfeter schreiben?
Hochkarätiges Lobhudeln als Marketingstrategie? Man könnte sich auch für eine echte
Präambel entscheiden, eine „feierliche, in gehobener Sprache abgefasste Erklärung".

Also – wir machen das jetzt mal ganz anders, wir erklären Ihnen in schlichten Worten,
warum wir dieses Buch gemacht haben. Wie aus einer zart in die Waiblinger Luft ge-
hauchten Idee ein ziemlich arbeitsreicher und dabei höchst lustvoller Ehrenamts-Job
geworden ist – und weswegen schlussendlich was anderes herauskam, als ursprünglich
beabsichtigt worden war.

Der Arbeitstitel war mal „Kindheiten in Waiblingen". Angedacht mit einer gehörigen
Portion Nostalgie – aber auch mit einem Zeitensprung mitten hinein ins Leben der
Smartphone-Kids von heute. Irgendwann hat unser Buch sein Eigenleben begonnen.
Wie ein in die Rems geworfener Kiesel, der Kreise um Kreise zieht. Von Menschen zu
Orten, von Fakten zu Gefühlen, von der Vergangenheit ins Jetzt und manchmal sogar in
die Zukunft.

Alle paar Wochen saßen wir zusammen, lobten die Fleißigen unter uns und tadelten die
Faulen. Bis die Buchseiten voll waren mit Wörtern und Bildern und wir alle ein bisschen
traurig. Keine heißen Diskussionen mehr bei Kakao und Hefewoiza – zum Beispiel über
das Vorwort. Oder über Geschichten, die wir Ihnen nun doch erspart haben.

Hochemotional war am Ende auch die Titelfindung anhand ellenlanger Vorschlagslisten.
Die „Waiblinger Wundertüte" stand gar nicht drauf. Und ist's gerade deshalb geworden.
Spontan, bedenkenlos und einstimmig, was schlicht ein Wunder war.

Wir hatten eine tolle Zeit beim Eintüten all dieser wunder-vollen Geschichten.
Möge es Ihnen beim Auspacken genauso gehen

wünschen sich Ihre Buchmacher
Gise Benkert, Iris Förster, Ursel Sauerzapf und Wolfgang Wiedenhöfer

Sag mal…

Von Gise Benkert

Eine Großmutter, eine Enkelin, zwei Kindheiten und lauter Fragen im Doppelpack. Immer eine für beide. Wir haben sie Trudl Sauter-Kienzle und Alexandra Kienzle gestellt. Zwischen ihnen liegen 82 Jahre. Manchmal sind ihre Antworten ganz weit auseinander – und manchmal erstaunlich synchron. Mit einem gemeinsamen Bodengfährtle von Gutbürgerlichkeit – und ganz viel innerer Freiheit.

Trudl Sauter-Kienzle, 94, gelernte Kindergärtnerin, examinierte Jugendleiterin, Berufsausbildung zur Fotografin und Meisterin, hatte viele Jahre ein eigenes Fotogeschäft mit Atelier und Labor in der Blumenstraße in Waiblingen. Ihre Spezialität: Industrie- und Architekturfotografie, Porträts. Sie hatte viele namhafte Persönlichkeiten und Firmen des Landes vor ihrer Linse. Ihre Leidenschaften heute: immer noch das Fotografieren, Gestalten und Organisieren, außerdem hört sie gerne klassische Musik und interessiert sich für Kunst.

Alexandra Sauter, 12, die Enkelin. Sie ist Schülerin am Saliergymnasium, tanzt leidenschaftlich gerne Ballett, spielt Gitarre, liest viel und schreibt bereits eigene Bücher.

Was haben Sie gesehen, wenn Sie als Kind aus dem Fenster schauten?

Trudl Sauter-Kienzle: Ich bin ja in der Blumenstraße 34 geboren und aufgewachsen. Ich sehe noch die durchziehenden Schausteller vor mir, die ihre Bären tanzen ließen und dann den Hut hinhielten und Geld sammelten. Wenn der Zeppelin flog, oder überhaupt mal ein Flugzeug zu sehen war, sprangen alle auf die Straße und schauten in den Himmel. Gegenüber wohnte der Tierarzt Dr. Frasch, den sah man immer mit Pferd und Kutsche zu seinen Patienten über Land fahren. Seinem Knecht Leonhard haben wir als Kinder mal Schneeballen ins Bett gelegt und nicht bedacht, dass das ja alles schmilzt. Da haben wir beinahe Schläge bekommen. Einmal haben wir ein totes Vögele im Garten gefunden und es einbalsamiert mit Niveacreme. Dann haben wir's in Spitzentücher gewickelt und begraben – und nach zwei Wochen wieder ausgebuddelt, weil wir sehen wollten, ob's noch da ist oder schon im Himmel.

Was siehst Du, wenn Du aus dem Fenster guckst?

Alexandra Sauter: Wir wohnen am Oberen Rosberg. Wenn ich rausschau, sehe ich die Eichhörnchen im Nussbaum. Beim Silvester-Feuerwerk hab ich natürlich einen Logenplatz – und überhaupt hab ich das Gefühl, alles im Blick zu haben: Schließlich liegt mir ein Teil der Stadt zu Füßen!

Was haben Sie als Kind am liebsten gemacht?

Trudl Sauter-Kienzle: Mit Puppen gespielt, ihnen Kleider genäht, gestrickt oder gehäkelt. Ich hab sogar die Püppchen selber gemacht, einfach ein Holzklötzchen genommen, Stoff drübergezogen und die Ärmel abgebunden. Das waren dann die Babys, ihre Bettchen waren weich ausgekleidete Zigarrenkistchen. Und dann hab ich mit Inbrunst Säuglingsschwester gespielt.

Was machst Du am liebsten?

Alexandra Sauter: An meinen Büchern schreiben! Ich versuche zum Beispiel in einzelnen Kapiteln, meine Zukunft in Worte zu fassen. Meine Zukunft als Tänzerin, da steh ich dann auf der Bühne und tanze alles von Schwanensee bis zum Musical. Ich schreibe auch meine Freunde mit hinein, verwebe Vergangenes und Zukünftiges, da taucht auch mal eine alte Freundin 20 Jahre später wieder auf und applaudiert mir. Ich denke schon, dass das so was wie Zielvorgaben für mich, für mein weiteres Leben sind, so nach dem Motto: Da will ich hin. Entweder als Tänzerin oder als Schriftstellerin, auf jeden Fall will ich was Besonderes machen.

Das größte Abenteuer?

Trudl Sauter-Kienzle: Mein größtes Abenteuer war eine Reise mit dem Bugatti in den Schwarzwald. Mein Vater Wilhelm Kienzle hatte eines der ersten Autos in Waiblingen überhaupt, ich war damals vielleicht fünf Jahre alt. Ich weiß noch, dass beim Anlassen Funken aus

82 Jahre liegen zwischen ihnen: Trudl Sauter-Kienzle und Enkelin Alexandra

dem Motor schlugen, dann rannten wir ins Klo und holten zum Löschen die Wassereimer – damals gab's in der Blumenstraße ja noch keine Wasserspülung.

Alexandra Sauter: Meine USA-Reise 2011, vor allem, um Verwandte und Freunde zu besuchen! Vier Wochen ging's mit der Familie quer durch den Kontinent, nach New York, Miami, an die Niagarafälle, zum Grand Canyon und an die Westküste. Dort hab ich Fish-Crabbing gemacht, ich hab zum ersten Mal in meinem Leben ein Wassertier angefasst und die Krabbe zwickte mich auch noch. Es war eine echte Mutprobe – und Krabben ess ich sowieso keine mehr. Abenteuer Nummer

zwei passierte im Schullandheim in der fünften Klasse. Neben der Jugendherberge rauschte ein Wasserfall in den Alpsee. Es war unser vorletzter Tag, alle waren kaputt nach einer siebenstündigen Wanderung, alle maulten rum. Abends sollte Abschluss ein am Lagerfeuer. Mit der Laune? Da hatte ich eine Idee: Jetzt musste was passieren, was Spektakuläres. Also hab ich sämtliche Mädels geschnappt und wir sind in voller Montur runtergeklettert und haben uns direkt hinter den Wasserfall gestellt. Das sah natürlich irre aus, und wir sind sogar ziemlich trocken geblieben dabei. Großes Kino! Wir waren längst wieder raus, da ist ein Junge

reingeschubst worden, er blieb irgendwie hängen und die Lehrerin musste ihn pitschnass herausziehen. Später hatte er dann eine starke Erkältung. Die Lehrerin fand unsere Idee mit dem Unterstellen unterm Wasserfall aber so toll, dass sie sagte: „Das mach ich heute Nacht, wenn ihr alle schlaft, auch mal". Keine Ahnung, ob sie's wirklich getan hat.

Was konnten Sie / was kannst Du besser als die Eltern?

Trudl Sauter-Kienzle: Klavierspielen!

Alexandra Sauter: Ballett!

Was hat Sie wütend gemacht, was macht Dich wütend?

Trudl Sauter-Kienzle: Als mir mein Bruder mal einen Regenwurm in den Nacken legen wollte, ich hab nur noch geschrien. Aber er hat mich natürlich schon oft getriezt. Und wenn ich mir gar nicht mehr zu helfen wusste, hab ich die Katze gepackt und mich mit ihr auf dem Klo eingeschlossen: „Niemand versteht mich, bloß du…".

Alexandra Sauter: Ich war total außer mir, als mein Bruder mir sagte, dass Schweineschnitzel aus Tieren bestehen. Nach der Wut kam die Traurigkeit. Und dann die Konsequenz: Mittlerweile esse ich so gut wie kein Fleisch mehr. Außer Hotdogs.

Was hättet ihr lieber nicht erlebt?

Trudl Sauter-Kienzle: Den zweiten Weltkrieg und das Sterben meiner zwei Brüder Robert und Willi, das Sterben von Vetter, Freunden, Schulkameraden. Und nach Kriegsende die Besetzung des Fotohauses Kienzle durch die Amerikaner. Es wurde damals auch das Vermögen meiner Eltern gesperrt. Das waren Zeiten!

Alexandra Sauter: Den Tod meiner Opas. Vor allem von Opa Sauter, ich war eine Stunde vorher noch bei ihm gewesen. Damals stand ich lange unter Schock, heute weiß ich, dass es uns allen einmal passieren wird.

Wo war Ihr Lieblingsplatz?

Trudl Sauter-Kienzle: In der Blumenstraße im Garten hinterm Haus. Dort stand ein großes Terrarium, mein Vater hatte es selber gebaut. Eidechsen waren drin, Salamander, Frösche, Schildkröten. Völlig fasziniert saß ich immer davor und hab zugeguckt, wie die Eidechsen sich geschält haben, das glitzerte dann in der Sonne, es war einfach sehr schön. In der Schule sagte der Lehrer immer: Wer sowas sehen will, muss runter zu den Kienzles. Es sind dann auch immer viele gekommen.

Was ist Dein Lieblingsplatz?
Alexandra Sauter: Mein Zimmer mit Hochbett und Aussicht. Hinein, Tür abschließen, allein sein, nicht angelabert werden, den Gedanken einfach so nachhängen – oder gar nichts denken.

Was war Ihr – was ist Dein größter Traum?
Trudl Sauter-Kienzle: Ich wollte immer eine harmonische Familie haben und viele Kinder. Und wenn die mal dreckig heimkommen, dann spritz ich sie alle im Garten ab.

Alexandra Sauter: Mein größter Traum ist, dass meine Geschichten als Buch veröffentlicht werden. Ich hab zum Beispiel neulich die Liebesgeschichte meiner Schwester aufgeschrieben – mit Happy-End!

Worüber freut ihr euch am meisten?
Trudl Sauter-Kienzle: Ich hab mich früher über meinen Erfolg als

Unternehmerin und Fotografin gefreut – meine größte Freude heute sind meine vier Enkelkinder und meine Katze Marcel.

Alexandra Sauter: Ich freu mich riesig, wenn Marcel von der Oma rüber zu uns kommt und mich besucht. Und ich freue mich über Wochenenden und Ferien – keine Termine, kein Druck, Freizeit, chillen, spontane Dinge tun.

Was braucht die Welt, was müsste sich dringend ändern?
Trudl Sauter-Kienzle: Ich wünsche mir nichts mehr, als dass die Menschen friedlich miteinander umgehen. Ich bin auch selber kein Streithansel und will niemandem in meinem Umfeld etwas Böses tun.

Alexandra Sauter: Ich wünsch mir gleiche Rechte für Männer und Frauen – und keine Tierversuche mehr! Ich versuche auch, überall dort mitzumachen, wo es wichtig ist. Man muss seine Meinung klar vertreten.

In wen würdet ihr euch gerne für einen Tag verwandeln?
Trudl Sauter-Kienzle: In niemanden! Ich war schon immer ich

selbst, so bin ich und so bleib ich!

Alexandra Sauter: Ich wäre gerne mal Coco Chanel. Weil sie zu ihrer Zeit Dinge gemacht hat, die eigentlich unmöglich waren: Sie hat mit ihrer Mode die Frauen befreit, Parfums kreiert, Kosmetik, Brillen – Und ich wäre gerne Kater Marcel: Dann kann ich überall hinkriechen – und ich kann ihn nachher besser verstehen, wenn er mit mir spricht.

Alexandra und Kater Marcel

Wie haben Sie das Dritte Reich erlebt?

Trudl Sauter-Kienzle: Ich war in dieser Zeit im BdM, dem Bund deutscher Mädchen und hab dort unter anderem mit Kindern allerlei Werkarbeiten gemacht. Man hat das nicht hinterfragt, man hat das alles wahrscheinlich idealisiert. Unter anderem war ich auch als Betreuerin in einem Kinderheim auf Rügen beschäftigt. 1200 Buben und Mädchen waren dort untergebracht. Als die Häuser kurz vor Kriegsbeginn vom Militär besetzt wurden, hat man die Kinder alle heimgeschickt, vor allem kamen sie aus Leipzig und Dresden. Ich denke oft daran, wie viele wohl nicht überlebten…

Kannst Du schon was mit Politik anfangen, Alexandra?

Alexandra Sauter: Dafür interessiere ich mich noch nicht. Ich unterhalte mich mit meinen Freundinnen am liebsten über Klamotten und nervige Lehrer.

Und zum Schluss noch Alexandra über Trudl…

Sie hat immer ein offenes Ohr für mich, sie sagt mir auch manchmal, ich sei zu lässig angezogen. Sie ist eine große Erzählerin, aber manchmal interessiert mich das von früher nicht so.

…und Trudl über Alexandra:

Sie ist selbstbewusst, hilfsbereit und sehr liebevoll mit ihrer Oma. Ich war in ihrem Alter noch viel kindlicher. Aber die sprechen heute so schnell, manches verstehe ich einfach nicht…

Alexandra: hdgdl

Trudl: Wie bitte?

Alexandra: Hab Dich ganz doll lieb.

Demonstrationszug durch die Waiblinger Altstadt

„Wir woll'n nicht Müller oder Maier, unser Mann heißt..."

Siegfried Bayer über seine ersten Jahre im Jugendhaus Villa Roller

Bereits im Jahr 1970 ergriffen die Schülermitverwaltungen am Staufer- bzw. Saliergymnasium die Initiative, in Waiblingen ein Jugendzentrum zu schaffen. Ein Aktionsrat aus Mitgliedern schon bestehender Vereine und den nicht organisierten Jugendlichen traf sich regelmäßig wöchentlich, erstellte Zeitungsartikel und verteilte Flugblätter an den Schulen. Doch im Dezember 1970 entschied der Gemeinderat, kein Jugendzentrum zu bauen. Begründet wurde dies damit, dass die Jugendlichen sich bei den vielen, bereits bestehenden Vereinen zusammenfinden sollten. Ein offener Treff für nicht organisierte junge Menschen wurde nicht für erforderlich gehalten, Geld sei eh wenig , und die Einrichtung einer Tartanbahn auf dem VfL Sportplatz sei wichtiger.

Die Jugend ist hier Herr im Haus

Jetzt ist es endlich hier geschafft
der Einzug in das Jugendhaus:
Wir sitzen bei Bier und Fantasaft
und schwofen mal so richtig aus.
Schüler, Arbeiter und Genossen,
mit und ohne Sommersprossen,
Groß und Klein ist hier versammelt,
frisch gebügelt und vergammelt,
denn niemand schmeißt hier jemand
raus, die Jugend, die Jugend ist hier
Herr im Haus!

Wir werden alles selbst bestimmen,
um uns fürs Leben hart zu trimmen,
dass nicht verlogen und verklemmt,
wie heute das Establishment,
wir all die gleichen Fehler machen
werden wir demokratisch wachen.
Hier wird kein Kopf in Sand gesteckt,
ein Mädchen nicht zum Sexobjekt!
So leben wir uns ein und aus, die
Jugend, die Jugend ist hier Herr im
Haus!

Wir brauchen kein Speed und auch
kein Shit,
wir helfen jedem, der ausgeflippt.
Beim Hobeln, Sägen und auch beim
Werken
kann jeder seine Kräfte stärken.
Und ein Schüler ohne Glück,
der ist nicht gleich eine Niete;
der baut sich vielleicht von Hand ein
Stück,
beweist sich eben auf dem Gebiete
denn niemand lacht hier jemand aus,
die Jugend, die Jugend ist hier Herr im
Haus!

*Lied von Dietrich Neumann,
gesungen zur Eröffnung des
Jugendhauses Villa Roller*

Die damalige Stimmungsmache der Etablierten im Gemeinderat und bei den meisten traditionellen Vereinen richtete sich gegen Linke und Radikale. Kritik wurde häufig damit beantwortet, man solle doch nach „Drüben" gehen (gemeint war die damalige DDR), zuerst etwas „Sinnvolles" schaffen und nicht ständig unberechtigte und unverschämte Forderungen stellen.

In damals leer stehenden Räumen des evangelischen Kindergartens im Holzweg, dann in den für den Abbruch bestimmten Räumen der ehemaligen Kofferfabrik in der Winnender Straße, und später dann im Juso-Büro beim DGB in der Fronackerstraße fanden die wöchentlichen „Info-Runden" statt. Artikel für Kampfschriften wurden emotionsgeladen diskutiert, und deren Verteilung gestaltete sich zu lustvollen Happenings, wenn es wieder einmal gelang, einen Reaktionär zu entlarven, oder zu andächtigen Veranstaltungen, wenn bei strömendem Regen keine oder keiner das Pamphlet haben wollte. Frau und Mann hofften jedoch immer auf die Revolution und auf das Paradies auf Erden danach.

Viel formalen Aufwand erforderte die von der Stadt eingeforderte Vereinsgründung. Die Jugendlichen waren zusätzlich beschäftigt, erlernten dadurch jedoch zunehmend, mit den demokratischen Strukturen virtuos umzugehen. In der Satzung wurde das Selbstverständnis erarbeitet, ein Organisationsstatut erstellt und die Ziele formuliert. Frau und Mann erstellten Pläne für die Nutzung des leer stehenden Gefängnisses als Jugendzentrum, wobei sich durch unsachgemäßen Umgang bei Schweißarbeiten während des Umbaus die Spreu in den Decken am 7. Oktober 1971 entzündete und durch die Feuerwehr letztlich nicht mehr gelöscht werden konnte. Das Gebäude wurde abgerissen, Pläne für eine andere Nutzung waren bereits in der Schublade.

Bei der anschließend erforderlichen neuen Standortsuche setzte der Gemeinderat weiterhin auf seine bewährte Verzögerungstaktik und entschied am 28. Februar 1973, zunächst die in der ehemaligen Villa Roller untergebrachte Kindertagesstätte neu zu bauen und dann dieses Gebäude als Jugendzentrum zur Verfügung zu stellen.

Kurz vor den Sommerferien 1974 konnte die Kindertagesstätte dann in den Neubau bei der

14

Comeniusschule umziehen. Die von den Jugendlichen vorgeschlagenen baulichen Veränderungen hatte der Gemeinderat nicht genehmigt und forderte die Jugendlichen zur Selbsthilfe und Eigenarbeit auf. Das Mobiliar und die Geräte könnten von den Nutzern selbst gebraucht erworben werden. „Ich halte es für überflüssig, ein Gerät zu kaufen, mit dessen Hilfe der Gemeinderat dann attackiert wird", zitiert die Waiblinger Kreiszeitung (WKZ) am 19. Januar 1974 aus der öffentlichen Gemeinderatssitzung.

Am 1. September 1974 ließ ich mich als Praktikant der Sozialarbeit für die beiden Praxissemester für ein Jahr bei der Stadt Waiblingen anstellen. Trotz der mehr als diffusen Startbedingungen reizte es mich, bei den unklaren Arbeitsbedingungen diese Stelle anzunehmen. Ich war beseelt davon, die Eigenverantwortung der jungen Menschen fördern und

stärken zu können und dadurch die Zielperspektive eines selbstverwalteten Jugendzentrums mitzugestalten.

Alle finanziellen Entscheidungen traf mein Vorgesetzter, nachdem ich ihm in jedem Einzelfall die entsprechende Begründung vorgelegt hatte. Die Ausgaben betrugen 1974 insgesamt 2.500,- DM. Als ich die „taz" bestellen wollte, waren mehrere interessante Gespräche erforderlich; aber ich war letztlich erfolgreich. Da damals bei der Stadt Waiblingen noch keine ausgebildete Sozialarbeiterin oder Sozialarbeiter beschäftigt war, übernahm der Leiter des Kreisjugendamtes meine Praxisanleitung.

Mit der Eröffnung der Villa Roller als Jugendzentrum am 6. Oktober 1974 und in den Tagen danach wurde deutlich, welche Bedarfslücke bis zu diesem Zeitpunkt für die Jugendlichen bestand. In den zur Verfügung stehenden ca. 400 m² waren in den ersten eineinhalb Jahren ständig mehr als 100 Leute anwesend. Die Versäumnisse der städtischen Jugendpolitik sowie der traditionellen Vereine traten offen zutage.

Der Sozialausschuss des Gemeinderats beschloss dann noch als besonders jugendfördernde und entgegenkommende, vertrauensbildende

Diskussion in der Rundsporthalle

Der Demozug formiert sich vor der Villa.

15

Maßnahme, die Schlüsselgewalt in der Villa Roller an meine Person zu binden. Dies bedeutete in der Konsequenz, dass, wenn ich nicht da war, das Jugendzentrum geschlossen bleiben musste. Es ist mir gelungen, den Jugendlichen meine mich zwingenden Vorgaben zu vermitteln, deren Kreativität und deren Ideenreichtum zu aktivieren und so organisierten wir diese „Offene Jugendarbeit".

Die WKZ schrieb im November 1974: „Während der Planungsausschuss des Regionalverbands Mittlerer Neckar im großen Ratssaal tagte, demonstrierten weit über 50 Jugendliche vor dem Waiblinger Rathaus gegen die immer wiederkehrende späte Öffnung des Jugendzentrums Villa Roller".

Es wurde gespielt, gemalt, gestrickt und gehäkelt. Der Film „Bei Bullen singen die Freunde nicht" fand besonderen Anklang. „Die Polizeibeamten, die sich im ersten Stock des Rathauses aktionsbereit aufhielten, brauchten nicht einzugreifen. Die gesamte Demonstration verlief friedlich", so die WKZ mit einem Foto von auf Tapeten malenden Kindern aus der Badstraße. Diese Aktion könnte in das Lehrbuch für disruptive Techniken in der

Die Demonstranten gehen für ihren Jugendhausleiter auf die Straße.

Gemeinwesenarbeit aufgenommen werden. Das alte Jahr nahm Abschied mit besinnlichen Stunden und schönen Festen an den Weihnachtsfeiertagen und zum Jahreswechsel. Komasaufen war damals noch kein Thema.

Das Jahr 1975 begann hoffnungsfroh mit der Kompromissoption, dass dem Trägerverein ein Veto-Recht bei der Einstellung der Sozialarbeiterin oder des Sozialarbeiters zugestanden wird. Letztlich blieben die Gemeinderäte jedoch unversöhnlich und beharrten stur und engstirnig auf das ihnen zustehende, alleinige Recht bei Personalentscheidungen. Ebenso hielten sie an der Anwesenheit von Hauptamtlichen im Haus während der Öffnungszeiten fest und forderten, jederzeit unangemeldet Kontrollgänge durchführen zu können.

Der Kommunalwahlkampf brachte im April weitere Turbulenzen: Beschimpfungen der Jugendlichen und unsachliche Begründungen heizten die Stimmung auf. Bei einer Veranstaltung sollten sich die Kandidaten zu den für das selbstverwaltete Jugendzentrum vorgesehenen Vereinbarungen äußern. Mit Aussagen „Randalierer von A bis Z", weil es nicht so gesittet wie in einem Volkshochschulkurs zuging und „Die Schlüsselgewalt hat immer der Hausbesitzer" zitierte die WKZ am 7. April aus einer über vierstündigen Hickhackdiskussion.

Aus den Zeitungsartikeln wird deutlich, welche Grundstimmung damals herrschte. Viele der zu jener Zeit aktiven Entscheidungsträger, die während des Dritten Reiches Aufgewachsenen, hatten in ihrer Jugend wenig Möglichkeiten, Kritik am Bestehenden vorzubringen. Das Auftreten zunehmend selbstsicherer Jugendlicher war nach 1968 das Problem landauf und landab.

Die folgenden Monate waren mit der Bewältigung des üblichen Betriebs verbunden. Die aktiven Jugendlichen organisierten Klassenfeten, Wochenendfreizeiten, Kleinkunst und größere Konzerte. Außer den Rechtsradikalen hielten alle jungen Gruppierungen der Parteien ihre Zusammenkünfte in der Villa Roller ab und ich stand allen bei Bedarf und auf Anfrage mit Rat und Tat beiseite. Ich dachte, jeder Tag, an dem das Haus geöffnet ist, unterstützt den Weg hin zur Selbstverwaltung des Jugendzentrums.

Meine Absprachen mit meinem Vorgesetzen, dem Kulturamtsleiter Manfred Beck, waren zunehmend gedeihlich und von gegenseitiger Wertschätzung geprägt.

Es gelang ihm, mir seine Sachzwänge, in denen er stand, zu vermitteln, und er hatte verstanden, dass durch die aktive Beteiligung der Jugendlichen an Entscheidungsprozessen nicht nur zukunftsweisende Jugendpolitik beschritten werden konnte, sondern diese auch kostengünstig möglich ist. Mit den Einnahmen im Café finanzierten wir dann z.B. ohne Zuschuss der Stadt einen Kleinbus, mit dem wir an zwei Tagen in der Woche einen Zubringerdienst für ältere Bürger zur damaligen Altentagesstätte übernahmen und hatten dadurch Einnahmen für den laufenden Betrieb des Fahrzeugs.

Bezüglich meiner Anstellung als zukünftiger Jugendhausleiter wähnte ich mich in Sicherheit, nachdem mir auf Nachfragen stets versichert wurde, dass ich auf Grund meiner vorliegenden Unterlagen nichts nachreichen müsse und meine Einstellung ab 1. September nur noch im Verwaltungsausschuss abzusegnen sei.

Wenige Tage vor dem Ablauf meiner Praktikantenzeit tagte der Verwaltungsausschuss und sprach sich mehrheitlich gegen meine Anstellung aus. Was danach von Mitgliedern des Gemeinderats dazu öffentlich geäußert wurde, hatte mit der Realität wenig

Blick auf die Villa Roller etwa um 1950

zu tun. Tatsache war, dass Einige meinten, ich sei noch Mitglied im „Kommunistischen Bund Westdeutschland" (KBW), fiele somit unter den damals bestehenden Radikalenerlass und dürfe deshalb nicht im öffentlichen Dienst beschäftigt werden, bzw. mit der Nichtanstellung könnte man dies elegant verhindern. Die Verantwortlichen wussten jedoch genau, dass ich schon vor längerer Zeit dort ausgetreten war, deshalb ein mehrstündiges Tribunal über meine Frau und mich ergehen lassen musste, die Wände in der Villa Roller mit Wandzeitungen bestückt waren, die mich übelst beschimpften und nicht nur als Kapitalistenknecht und Handlanger der Bourgeoisie bezeichnet haben.

Die Aktivisten und Jugendlichen haben mich damals nachhaltig unterstützt. Ein Transparent auf der Demonstration für mich trug die Aufschrift: „Wir wollen nicht Müller oder Maier, unser Mann heißt Siegfried Bayer".

Auch meine Eltern und meine Frau standen Gott sei Dank damals voll hinter mir. Mein Vater hatte mir zugesagt, mich im Rahmen seiner Kräfte zu unterstützen und bestärkte mich, meinen begonnenen Weg fortzusetzen und mit den Waiblingerinnen und Waiblingern geduldig zu sein.

Ich habe noch bis zum 30. April 1982 als Jugendhausleiter in der Villa Roller gearbeitet, und es gäbe noch viele Geschichten zu erzählen.

Die „Villa Roller" ist eingetragenes Kulturdenkmal der Stadt Waiblingen. 1912 erbaut nach den Plänen der Waiblinger Architekten Eugen Bayer und Max Schmelzer, steht das Gebäude mit seiner prächtig gegliederten Fassade und seinem auffällig geschwungenen Walmdach in exponierter Lage gegenüber dem Kirchenhügel.
Die originale Bausubstanz und Teile der Innenausstattung wie prächtig bemalte und bleigefasste Fenster, die Holzvertäfelung der Eingangshalle und das Treppenhaus sind im Original erhalten.
Die zweigeschossige Villa mit repräsentativer Eingangsachse ist ein Musterbeispiel für ein im Geschmack seiner Zeit geplantes und am Neobarock orientiertes Fabrikantenwohnhaus.
Die Bauweise verdeutlicht die gehobenen Position seines Erbauers und dessen Bedürfnis nach Selbstdarstellung.
Das gegenüber, im Schatten der Michaelskirche gelegene kleinere Gebäude Alter Postplatz 23, wurde 1920 nach dem Entwurf von Eugen Bayer mit deutlichen architektonischen Bezügen zur Villa erbaut und war vermutlich ein ehemaliges Bedienstetenwohnhaus.

Vom Tauschen, Ergattern und Organisieren

Es war die Zeit nach dem 2. Weltkrieg, als Organisieren und Tauschen den Alltag bestimmten. So auch meinen, wenn auch in geringem Umfang, wie es feiner 13-jährigen zu dieser Zeit eben möglich war. In meiner reichlich bemessenen Freizeit schlenderte ich durch's Städtle, hielt die Augen offen, ob und wo es was zu ergattern gab. Das „Was" war nicht so wichtig, Hauptsache irgendetwas, verwenden konnte man alles, irgendwie.

Warteschlangen vor einem Geschäft signalisierten: hier gibt es etwas, das üblicherweise nicht zu bekommen war und ein paar Mark hatte ich immer in der Tasche, stets gewappnet für den Fall, dass es etwas zu kaufen gab. So auch an jenem Tag, als ich vor dem Kurzwarengeschäft der Fräulein Traub am Marktplatz viele Menschen sah, aufgereiht in der üblichen Warteschlange. Artig stellte ich mich hinten an und als ich endlich an der Reihe war, bekam ich ein in Zeitungspapier eingewickeltes Etwas ausgehändigt, was es war, wusste ich nicht, es spielte sowieso keine Rolle, gebrauchen konnte man alles.

Stolz trug ich meine Errungenschaft nach Hause und übergab es meiner Mutter. Sie sparte nicht mit Lob und schien sich besonders darüber zu freuen, dass ich wieder einmal etwas ergattern konnte. Sie öffnete die Verpackung, schaute mich mit einer gewissen Verwunderung an, meinte lapidar doch mit einer leichten Distanz: „Das hast du aber toll gemacht."

Neugierig wie ich nun mal war, wollte auch ich jetzt erfahren, was ich organisiert hatte. Zum Vorschein kam ein für mich nicht definierbares Päckchen mit dem Aufdruck „Camelia". Für meine Mutter offensichtlich etwas ganz Besonderes, ich selbst konnte überhaupt nichts damit anfangen, hatte es nie gesehen und auch nichts davon gehört. Beflügelt von Mutters Begeisterung und der Aussicht, nochmal solch ein „Schnäppchen" zu ergattern, meinte ich voll Eifer: „Schnell, gib mir Geld, dann hole ich für Vater auch noch welche!"

Warum diese für mich harmlose Begebenheit beim Erzählen im Freundeskreis immer wieder heftige Lacher hervorrief, war mir lange Zeit ein Rätsel, irgendwie war ich sogar beleidigt.

Zum besseren Verständnis: „Camelia" war „die" Marke der Damenbinde der damaligen Zeit. Man kaufte sie, so in dieser Zeit überhaupt vorhanden, diskret verpackt in Drogerie und Apotheke.

Sigrid Keppler

Der Müller stand mit dem Teufel im Bunde

Von Wolfgang Wiedenhöfer

Die Waiblinger Bürgermühle

Handwerk. Mit Wasserrädern betriebene Getreidemühlen sind seit den Römern belegt und im süddeutschen Raum mit Einsetzen der schriftlichen Überlieferung im 8. Jahrhundert nachgewiesen.

Dem Müller sagte man nach, mit dem Teufel im Bunde zu stehen, vermutlich weil die Mühlen außerhalb der Stadtmauer gelegen und somit dem Alltagsleben entrückt waren. Außerdem mag unseren abergläubischen Vorfahren die technische Komplexität einer Mühle mit all ihren Zahnrädern, Riemen, Schütten und sonstigen Geräten unheimlich vorgekommen sein. Auch der Neid mag hier eine Rolle gespielt haben: die Müller waren meist vermögend, besaßen große Anwesen, nahmen sich ihren Naturallohn selbst und im Voraus und hatten somit auch in schlechten Zeiten ein gesichertes Auskommen. Der Berufsstand des Müller galt, ähnlich wie der des Wirtes, als „unehrenhaft", das heißt, man gehörte keiner Zunft an und genoss rechtliche Privilegien: Es gab seit

„Mühlen sind so alt wie die Welt" heißt es – nun, das stimmt vielleicht nicht ganz, aber schon in der Steinzeit war das Mahlen von Körnern und Samen mit Mahlsteinen ein verbreitetes

dem frühen Mittelalter einen sogenannten "Mühlenfrieden", der den Müller unter besonderen herrschaftlichen Schutz stellte. Mit dem "Mühlenrecht" gab es ein eigenes Strafrecht für Vergehen, die auf dem Grund einer Mühle begangen wurden, ein "Mühlenasyl", gewährte Verfolgten Schutz auf dem Grund der Mühle – alles aus der Sorge heraus, die für die Versorgung der Bevölkerung wichtige Mühle könnte bei Streitigkeiten baulichen oder wirtschaftlichen Schaden nehmen.

Waiblingen war und ist die mühlenreichste Stadt an der Rems. Wie Perlen am Fluss aufgereiht, findet man auf der Waiblinger Gemarkung heute noch sechs von ehemals neun Mühlen: die "Geheime Mühle" in Beinstein,

Strom statt Mehl wird produziert

bereits 1086 in einer kaiserlichen Schenkungsurkunde erwähnt und somit vermutlich eine der ältesten Mühlen der Region, die "Bürgermühle" am Capelltor unterhalb der Nikolauskirche, die "Häckermühle" beim Tränktor auf dem heutigen Gelände der Galerie Stihl Waiblingen, die "Waldmühle" als eines der letzten Gebäude der Kernstadt remsabwärts gelegen, die "Hegnacher Mühle" und die "Vogelmühle" im Remstal Richtung Neckarrems und schließlich die "Rienzhofer Mühle" abseits der Rems am Zipfelbach in Bittenfeld.

Als Mühlenplatz ist der Bereich zwischen Nikolauskirche und Kirchenhügel seit dem 12. Jahrhundert belegt. Das heutige Mühlengebäude, ein schönes graues Fachwerkhaus, stammt aus dem

Jahr 1574 und ist eines der wenigen Häuser, die den großen Stadtbrand von 1634 überstanden haben. Hier hatte die mächtige Stadtmauer den Funkenflug abgehalten und so die Mühle gerettet.

Das Anwesen war über Jahrhunderte in herrschaftlichem Besitz der Württemberger und wurde der Stadt als Lehen überlassen, später dann an einen ortsansässigen Müller verkauft. Überschwemmungen, Niedrigwasser und vor allem die Flößerei behinderten oft den Betrieb, so dass die Bürgermühle nur etwa acht Monate im Jahr gangbar war. Der Mühlenbetrieb ist längst eingestellt, das alte unterschlächtige Wasserrad und eine moderne Turbine speisen heute Strom ins Netz ein. Mitglieder der letzten Müllersfamilie Hahn leben aber noch immer dort.

Die "Michael Hahn'sche Gemeinschaft" ist eine im schwäbischen Pietismus verwurzelte evangelische Versammlungsbewegung. Der Pietismus, in unserer Region bis ins 20. Jahrhundert weit verbreitet, entstand nach dem Trauma des Dreißigjährigen Krieges als Reaktion auf eine gefühlte mangelhafte Frömmigkeit, unchristliche Lebensführung und dem Drang zur "Begreifbarkeit" des persönlichen Glaubens. In der pietistischen Praxis haben abendliche Zusammenkünfte, "Hauskreise" genannt, mit gemeinsamem Bibelstudium und Gebet eine ähnlich große Bedeutung wie der Gottesdienst selbst. Die "Hahn'sche Gemeinschaft" geht zurück auf den Bauernsohn Johann Michael Hahn (1758–1819), der mehrere Visionen erlebte, von denen er in sogenannten Erbauungsstunden, in denen er die Bibel auslegte, sprach. Die Gemeinschaft ist heute als eingetragener Verein mit Sitz in Böblingen organisiert und hauptsächlich im alt-württembergischen und nordbadischen Raum vertreten.

Lydia Hahn: Ein Leben in der Bürgermühle

Von Wolfgang Wiedenhöfer

Ich war ziemlich aufgeregt, als ich an einem kalten Apriltag zum ersten Interview für unser Buchprojekt aufbrach. Auf dem Waiblinger Wochenmarkt hatte ich noch einen kleinen Hyazinthentopf als Mitbringsel gekauft und weiter gings runter zum Bürgermühlenweg, wo ich pünktlich zur vereinbarten Uhrzeit bei „Hahn" den Klingelknopf drückte. Es öffnete eine schlanke ältere Dame, die mich unsicher ansah. „Was han i mir für Gedanken gemacht, was ich Ihne heit erzähla soll... Drei Nächt net gschlofa, so aufgeregt war i...". „Mir gings ganz ähnlich..." sagte ich lachend und drückte ihr den duftenden Frühlingsgruß in die Hand. Das Eis war gebrochen und oben im gemütlichen Wohnzimmer der Bürgermühle sprudelten die Erinnerungen:

Aufgewachsen ist die 1924 geborene Lydia Kuppinger mit ihren fünf Geschwistern in der Langen Straße / Ecke Neue Gasse, heute ein prächtig sanierter, ockerfarbener Fachwerkbau am Rande der Fußgängerzone. Das Haus hatte damals vier Eigentümer, eng war es und proppenvoll, und die ganze Familie Kuppinger lebte in einer kleinen Wohnung, mit Stall hinterm Haus, darin Ziegen und Schweine.

Die Eltern waren sehr gläubig, der Vater Kirchengemeinderat und außerdem Stundenbruder in der „Hahn'schen Gemeinschaft", einem pietistischen Bibelkreis mit rein zufälliger Namensgleichheit zur Waiblinger Familie. Alle sechs Kuppingerkinder sangen deshalb aus Überzeugung und mit Begeisterung im Kirchenchor. Noch heute hält sie es ihrem Vater zugute, dass er sie „nie in die Gemeinschaft reingezwungen hat", die strenge pietistische Lehre wurde den Kindern nicht aufgedrückt, so empfand sie es. Schöne Erinnerungen hat sie an den „Flöten-Karrle", einen Bibelvertreter, der regelmäßig in die Stadt kam, von Haus zu Haus ging und Bibeln verkaufte. Geschlafen hat er dann bei Kuppingers in der großen Kammer und den Kindern immer auf der mitgebrachten Flöte vorgespielt.

Die Freunde ihres kleinen Bruders waren Albrecht Villinger, Siegfried Traub, Klaus Rappolt und der Bürgermeisterssohn Bauer – „alles reiche Leut', aber zom Essa hot's bei dene z'Haus au nie gnug geba".

Bis in den Krieg gab's bei Kuppingers regelmäßig Hausschlachtungen wie in vielen Waiblinger Haushalten in der damaligen Zeit. Der spätere Waiblinger Ehrenbürger Albrecht Villinger hat seiner Freundin aus Kindertagen noch kurz vor seinem Tod gestanden: „Was haben wir bei Euch gut gevespert, ich werd's nie vergessen".

1946 wurde bei Kuppingers die letzte Sau geschlachtet, bis heute sind ihr die vier Zentner Fleisch und ein Zentner Speck im Gedächtnis geblieben, „...des gab immer a herrliche Hartwurscht".

Ein proppenvolles Haus, dazu Ziegen und Schweine

In den großen Ferien wanderten die Eltern stets einen Tag mit allen Kindern zu Fuß nach Buoch, dort wurden Rote Würste gegrillt, unvergesslich auch die Portion Eismeringe im Kaffee in Buoch, und dann ging es wieder nach Hause: „Des war onser Sommerurlaub".

Mit allen Nachbarskindern in der Langen Straße war man zusammen auf der Gass, an das Hofspiel „Gäbele, Gäbele, wer stupft den Braten" erinnert sie sich noch genau: im Kreis hingehockt, einer stupft in den Rücken und der Gestupfte muss raten, wer's war. War es richtig geraten, dann musste der Stupfer um drei Häuser der Altstadt laufen, war's falsch geraten, dann war der oder die Gestupfte dran mit Rennen.

Auf dem Fahrrad ging's dann später, als die Schwester nach Strümpfelbach geheiratet hatte, ins Remstal zum Schwager, die hatten Erdbeerfelder. Die geernteten Beeren wurden kistenweise auf dem Drahtesel zurück nach Waiblingen gekarrt.

Die Familie Kuppinger besaß im Sämann ein Obststückle. Dort wurde im Sommer die frisch gewaschene Bettwäsche mit dem Handkarren hingefahren und zum Trocknen an die Bäume gehängt. Auf Mittag sollte man zurück sein, eine Uhr hatte man nicht, aber wann es Zeit zum Aufbruch war,

konnte man leicht merken: „wenn die Fraua aus Korb mit große Kenderwägele übers Feld komma sen, no war's dreiviertel zwölfe", denn die waren auf dem Weg in die Seidenfabrik unten in der Stadt, in den Kinderwägen wurde nicht der Nachwuchs sondern das Mittagessen für ihre dort arbeitenden Männer transportiert.

In der Kriegszeit, immer wenn die Waiblinger Nazis den gottesfürchtigen Vater Kuppinger am Säuturm mit einem zackigen „Heil Hitler" grüßten, habe er stets nur geradeheraus mit einem „Grüß Gott" geantwortet. Als er dann auf dem Feld einen Schlaganfall hatte, da hat er noch neun Tage zu Hause mit dem Tod gerungen, erinnert sich die Tochter. Und wie es zu Ende ging, „s'war abends om zehne an einem wunderschöna warma Tag, und älle Kender, die ganz' Familie stand bei ihm oms Bett", da, so erzählten die Nachbarn, sei kurz ein heller Lichtstrahl über Kuppingers Haus in der Langen Straße gestanden. „Der isch abgholt worda", hieß es voller Ehrfurcht.

Einer der Brüder hat 1948 geheiratet, und

wie es damals Sitte war, wurde die Braut mit einem großen Hochzeitszug vom Bräutigam, dessen Familie und Freunden zu Hause abgeholt und zur Trauung in die Nikolauskirche geführt. Bei dieser Gelegenheit lernte sie ihren späteren Mann Gerhard kennen – der ging im Brautzug zufällig neben ihr. Nach der Kirche ging's dann wieder im Festzug durch die ganze Stadt zum Felsenkeller vor dem Säuturm, wo ausgiebig gefeiert wurde.

1951 hat sie Gerhard Hahn von der Bürgermühle an der Rems geheiratet. Der war 1921 geboren und eines von 15 Kindern, von denen sieben schon früh starben. Die Schwiegermutter war die Tochter des Schmidener Bürgermeisters, „a strenge Frau".

Ein Hochzeitszug auf dem Weg zum Felsenkeller" im Jahr 1952

Der Schwiegervater Gotthold Hahn war im ersten Weltkrieg erblindet, deshalb ging die Mühle nicht an ihn, sondern an den jüngeren Bruder Kuno, der schon 1918 den Mühlenbetrieb einstellte und sich aufs „Reißen", die Produktion von Viehfutter aus Getreide, spezialisierte. Großvater Jakob Hahn, „Müller mit Leib und Seel'", und dessen Frau, eine Tochter aus der Adelberger Mittelmühle, haben das „wohl nie ganz verwonda".

Die Mühle war nach dem Krieg voll mit einquartierten Flüchtlingen. Erst 1¼ Jahre nach der Hochzeit konnte Lydia deswegen mit ihrem Mann zusammenziehen, nachdem Platz für das junge Paar geschaffen worden war, indem man eine Wohnung umgebaut hatte. Es lebte nicht nur eine Flüchtlingsfamilie mit mehreren Kindern dort, auch die mittlerweile verwitwete Schwiegermutter war noch im Haus, so dass sich drei Familien eine kleine Küche teilen mussten. Bereits seit Vorkriegszeiten war eine Familie aus Bayern mit acht oder neun Kindern eingemietet.

Die beiden Erleninseln, seit Generationen im Besitz der Familie

„Vom Schaffa isch no niemand gstorba"

und im Sommer an einen Bauern verpachtet, der Rinder darauf hielt, der Kirchgarten und die Mühlenscheuern mit Schweinen und Hühnern rund um die Mühle – das alles gehörte zum Anwesen der Hahns. Viel Land und „viel Gschäft". Aber vom Schaffa isch no niemand gstorba". Trotz aller Enge und der vielen Arbeit waren die Bewohner der Mühle eine eingeschworene Gemeinschaft: „Mir hen zemaghalta und sen ned davogloffa!".

1972 wurden das Mühlengebäude und die Erleninseln an die Stadt verkauft – die lange Familientradition der Hahn'schen Müllerei war nun endgültig Waiblinger Stadtgeschichte. Die Mühle nahm diverse städtische Einrichtungen auf, der große Anbau wurde 1990 abgerissen und dafür das gläserne Maschinenhaus mit Schauturbine errichtet, die Inseln wurden zum beliebten Naherholungsgebiet Talaue erschlossen. 2006 starb Gerhard Hahn, der Neffe des letzten Müllers.

Heute ist es ruhig geworden in der ehemals so geschäftigen Mühle, nur das „Gschrei und der Lärm oba an dr Kirch", stört

manchmal Frau Hahns Idylle an der Rems. Die Enkel kommen immer gern auf Besuch: Ingenieur ist einer geworden, Betriebswirtin die andere, und eine schafft auf der Bank in Stuttgart – sie haben nichts mehr mit der Müllerei zu tun. Aber wenn es selbstgemachte Maultaschen von der Tochter aus Ulm gibt und die Oma erzählt „wia mr's ghet hot", wie es sich früher so lebte in der Mühle unter der Nikolauskirche, und die Enkel sie dann ganz fest in den Arm nehmen, dann geht's ihr gut, der Frau Hahn, geborene Kuppinger aus Waiblingen, die dann doch so viel zu berichten hatte, dass „mr' fascht a eigens Buch schreiba könnt".

Neue Gasse in den 1930er Jahren, rechts das Haus Kuppinger

Vom Anziehen und Umziehen
Schneidermeister David Klemm, ein Haus am Postplatz und seine Geschichte

Von Peter Kundmüller

Der Alte Postplatz in Waiblingen hat sich in den letzten Jahren so stark verändert wie kaum eine andere Stelle in Waiblingen. Viele Waiblinger Bürger erinnern sich an die zuletzt sehr baufällige Häuserzeile, die nun einem Einkaufszentrum weichen musste. Jedes der Häuser hätte vor seinem

Schneidermeister Klemm samt Familie vor dem Haus Lange Straße 67. Die beiden Damen ganz links sind Nachbarinnen und haben sich mal eben dazugestellt.

Abriss viel zu erzählen gehabt, die folgende Geschichte steht stellvertretend für die anderen, die nicht erzählt wurden:
Am Alten Postplatz, in der Langen Straße 67, befand sich viele Jahre lang das Knaben- und Herrenbekleidungsgeschäft des Waiblinger Schneidermeisters David Klemm. Just an der Stelle, an der heute eine Sitzbank mitten auf dem Platz zwischen Fotohaus, Einkaufszentrum und Lebensmittelmarkt steht, war der Eingang.

David Klemm stammte von den Klemms aus Korb ab, sein Vater war dort Weingärtner. Seine Frau wurde Anna Pfund, die Tochter eines Schusters aus Großheppach. Anna ging wie ihre Schwestern oft zu Fuß nach Stuttgart, um dort die Schuhe ihres Vaters abzuliefern bzw. von dort zur Reparatur abzuholen. Ursprünglich wollte Anna zur Tante nach Amerika auswandern. Sie dachte jedoch an ihre Schwester, die tatsächlich

Die Tante in Amerika näht Modellkleider

nach Amerika gereist war, dort Modellkleider nähte und sich dann nur durch einen waghalsigen Sprung aus einem Hochhaus vor einem Feuer hatte retten können. Dieses Erlebnis ließ nicht nur die Schwester nach Hause zurückkehren, sondern bremste auch Annas Abenteuerlust.

Anna jedoch bekam dann den Schneidermeister Klemm aus Korb, und wenige Jahre nach der Hochzeit im Jahre 1893 eröffneten die beiden ihr Ladengeschäft in der Langen Straße am Postplatz. Das Haus war im Jahre 1890 erbaut worden und galt als sogenanntes Gründerzeithaus, ein Klinkersteingebäude der urbanen Mittelschicht.

Es wurden fünf Kinder geboren. Der Älteste, Otto-Karl, genannt Otto, verstarb jedoch schon als Säugling und wurde später nach Fanny als zweites Kind gewissermaßen „wiedergeboren". Es folgten dann noch Emma

Emma, 2. von links, zieht eine Schnute, weil sie keine Puppe im Arm halten darf.

und Bertel. Auf dem obigen Familienphoto schaut Emma beleidigt, was wohl daran liegt, dass der Photograph der kleinen Bertel eine hübsche Puppe in den Arm legt, während Emma leer ausging.

Sonntags ging man spazieren. Zuvor suchte der fleißige Vater im Laden für jedes Kind eine wollene Bleyle-Bluse heraus. Als lebende Schaufensterpuppen stolzierten die Klemmschen Kinder dann meist schwitzend durch die Stadt.

Im Übrigen lebte man sparsam, fast geizig. Wenn der Vater beim Essen anwesend war, durfte entweder Butter oder G'sälz aufs Brot gestrichen werden, niemals beides zusammen. Oft blieb David Klemm jedoch zum Vesper auf der Terrasse hinter seinem Laden im Erdgeschoss und löffelte dann in Sauermilch eingebrocktes Schwarzbrot.

Otto blieb im Ersten Weltkrieg, und Anna musste die Töchter unter die Haube bekommen. Die Mädchen besuchten noch im Kaiserreich die Mittelschule, man lernte ein wenig Französisch („Nougat mit stummem t"), nahm Harmonium-Unterricht und aquarellierte.

Es traf sich gut, dass zur Aufbesserung der Haushaltskasse nicht nur „Mittagsschüler" zur Verköstigung ins Haus kamen, sondern in den Dachzimmern stets mehrere „Logisherren" wohnten. Zwei der drei Mädchen wurden mit „Logisherren" vermählt. Auch Emma wohnte noch bis Anfang der 30er-Jahre mit ihrem Mann im Haus der Eltern Anna und David Klemm, im Hinblick auf den bevorstehenden Ruhestand des Vaters stellte sich im Jahr 1934 die Frage nach der familiären Zukunft.

Nun wollte man an den Stadtrand ziehen, um dort den Lebensabend zu verbringen. Hierzu brauchte man ein Haus, das mit Garten und Keller die Bedingungen für ein weitgehend selbstversorgtes Leben bot. Während der Inflation hatte man zwar das Geld verloren, einiges Vermögen lag jedoch in den „Stückle", die man rund um die Stadt besaß. Man tauschte kurzerhand das Haus

Die Lange Straße um 1900. Klemms wohnten im zweiten Haus auf der rechten Straßenseite.

am Postplatz in ein Haus in der Marienstraße ein. Dieses Haus gehörte vormals Anton Schmidt, der in der Marienstraße ein Wäschegeschäft hatte, welches er dann in der Langen Straße 67 weiterführte. Anton Schmidt wurde nach dem Zweiten Weltkrieg der erste Landrat des Altkreises Waiblingen, heute ist eine Straße im Eisental nach ihm benannt.

Der Umzug erfolgte mit einem Leiterwagen über die Fronacker-straße. Ob allerdings der Sekretär und das Harmonium auch auf diesem Weg in das neue Heim kamen, ist nicht überliefert.

Der Garten in der Marienstraße war groß genug, um einen Teil des

Lebensunterhaltes daraus zu bestreiten: Saure Bohnen wurden in Flaschen eingemacht, Quitten zu schmackhaftem Quittengsälz verarbeitet, Äpfel lagerten auf den Holzregalen, Karotten wurden im Sand aufbewahrt und das eingelegte Kraut stand im Keller.

Im Keller lagerten auch die Kohlen. Noch Jahrzehnte später waren die Kreidestriche an den Wänden sichtbar, mittels derer die angelieferten Kohlensäcke gezählt wurden.

Eben jener Keller des Hauses diente, stabil wie er gebaut war, später im 2. Weltkrieg den Nachbarn in der Marienstraße als Luftschutzkeller. An eine solche Verwendung hatten Anna und David Klemm jedoch nicht gedacht, als sie das Haus Jahre vorher zur Altersversorgung eingetauscht hatten.

Viele Jahre später zog in das ehemalige Knaben- und Bekleidungshaus Klemm, lange nach dem Wäschegeschäft Anton Schmidt, die Firma „Buch Stehn" ein, danach beherbergte es noch einige Zeit einen Döner-Kebab-Imbiss, bevor es dann für das neue Einkaufszentrum abgerissen wurde.

Antoniuskirche

Ehemalige Mütterschule

Stadtmauer

Marktdreieck

Panoramablick vom Hochwachtturm

Michaelskirche

Querspange

Fuggerstraße

Waiblingen lag ihnen zu Füßen
oder: Homestory aus dem Hochwachtturm
Wie Rosa Wolf und ihre Familie von 1953 bis 1957 „residierten"

Von Gise Benkert

Sie gehörte zu den „Kleinen Leuten". Fix einsortiert in eine Lebenskategorie. Anständig, aber eher tiefere Schublade eben, einmal drin, immer drin, so war das halt. Bis Rosa Wolf zum Höhenflug ansetzte. „Wenn man unten bleibt", befand sie, „ist man oft selber schuld". Also machte sie sich einfach auf den Weg nach oben: „Ich zog mit meiner Familie auf den Hochwachtturm und plötzlich lag mir ganz Waiblingen zu Füßen." Anekdoten satte vier Jahre lang, von 1953 bis 1957.

Familie Wolf, das war die Ausgangslage, musste zwingend aus der alten Wohnung raus und fand mit den vier Kindern nur schwer was Neues. Also hat ihnen die Stadt einfach den Hochwachtturm zugewiesen, fünf Zimmer, auf jedem Stock eins, ein Immobilien-Alptraum – und das ultimative Abenteuer. Zumindest für Töchterchen Ursula, damals neun. Eine Waiblinger Kindheit auf dem Hochwachtturm. Was für ein

Schatz an Erinnerungen, stadtgeschichtlich und höchst persönlich.

„Vor uns wohnte hier noch der Türmer Mack." Der habe tatsächlich noch nachts seine Runden gedreht hoch droben auf dem Umgang „ond nonderguggd, ob's irgendwo brennt".

Den Job mussten die Wolfs dann nicht mehr machen, „für ons Kender war's oifach bloß schee!". Ursula Jünk, geborene Wolf, sitzt mit leuchtenden Augen daheim auf ihrem Sofa und wird wieder Kind, Hochwachtturm-Kind. Geschichten und Geschichte fügen sich nahtlos ineinander, ein pralles, stauferstädtisches Familienleben in den Fünfzigern, pendelnd zwischen Historie und den Wirtschaftswunderjahren.

Mutter Rosa hat dafür gesorgt, dass nichts verloren ging. Sie war fünf weitere Umzüge später 1988 in Neustadt gestorben. Ihr Vermächtnis an die Kinder: Ein

wundervolles Büchlein mit dem eher nicht pädagogisch wertvoll gemeinten Titel „Rosa, was fällt Dir ein?".

Sie hatte damals einfach ihrem Freund Manfred Geske von der Zeit auf dem Hochwachturm erzählt, er schrieb all diese poetischen, wundersamen, frechen, lebenslustigen Geschichten auf und

Der Hochwachtturm von seiner grünen Seite.

31

verknüpfte sie zu einer Perlenkette, die er bescheiden als „einen Memoiren-Versuch" bezeichnete. Gedacht war das wirklich nur als Hinterlassenschaft an die Kinder. Bis Ursula Jünk beschloss, die Waiblinger ein bisschen teilhaben zu lassen an ihrem Leben auf dem Hochwachtturm.

Was damals oft gar nicht so lustig war, teils ein familiärer Überlebenskampf, nicht zuletzt für Vater Hans, den Heizungsmonteur, – ist mit heutigen Augen gelesen schlicht ein mitreißendes Stück gelebter Geschichte, auf neudeutsch würde man „Homestory" dazu sagen.

Gewöhnungsbedürftig

Der Turm war zunächst mal ein echter Trimm-dich-Pfad für Rosa Wolf und ihre Lieben. Und auch sonst gewöhnungsbedürftig: Tochter Doris' Zimmer zum Beispiel hatte nur drei Wände, die zum Treppenhaus fehlte einfach. Drüber lag das Zimmer von Sohn Hans, heute ist das die Achim-von-Arnim-Stube und ein kleines Museum. „Hans", erzählt die Mutter in ihren Memoiren, „konnte sich fühlen wie im Himmel, denn alles war waschblau getüncht". Eine Etage höher lag das Elternschlafzimmer: „Es wäre für Schlafwandler gut geeignet

gewesen", denn hier lag auch der Balkon des Turms, der Umgang, der „Kranz".

Nur über eine Hühnerleiter gelangte man ins winzige Stübchen von Ursula und Peter. Drüber, in der heutigen Turmstube, war das Wolf'sche Wohnzimmer samt Küchlein untergebracht. Weiter rauf ging's nur noch zur Bühne und zum Glockenturm. „In unserer Wohnung hatte man garantiert immer frische Luft und Einrosten konnte man auch nicht. Wie oft ich die 134 Stufen auf- und abgestiegen bin, ließ sich schon bald nicht mehr zählen", stoßseufzte die Mutter.

Sensationell

Schon der Einzug war „so sensationell, dass er selbst im Radio kommentiert wurde, da sollte noch einer behaupten, wir wären unscheinbare Leute gewesen". Wegen der umzugsuntauglichen Treppe vollzog sich das meiste außerhalb, Mama Rosa nebst Schwiegermutter standen oben: „Wir haben vor lauter Aufregung geheult, als das Wohnzimmerbuffet den Turm heraufschwebte". Prompt hatten sich die Haltestricke verschoben, das gute Stück drohte jeden Moment abzustürzen. Vater Hans oblag die Logistik, er dirigierte vom Kranz herab den gefährlichen Seiltanz,

Blaue Wände in der heutigen Achim-von-Arnim-Stube, im Vordergrund die „Blaue Blume", das Symbol der Romantik.

„und alle atmeten auf, als es ohne Unfall überstanden war".

Einer der ersten Jobs im neuen Heim fiel nicht unter die Rubrik „Schöner-Wohnen-im-Turm", sondern war schlicht dem Überleben geschuldet: Es galt, die Fenster mit Draht zu verbarrikadieren, „sonst hätte unser Peterle womöglich versucht, den Turm hinabzusteigen, ohne die Treppe zu benutzen".

Die Küche, so fand jedenfalls die frischgebackene Türmerin Rosa Wolf, sah sehr romantisch aus, der offene Rauchabzug stand in reizvollem Kontrast zu den weißen Möbeln. „Die aber fühlten sich wohl irgendwie fremd in dieser Umgebung und versuchten, sich rasch anzupassen. Mit vollem Erfolg. Nach dem ersten Regen waren sie schwarz. Was hatte ich zu scheuern, bis die Rußkruste weg war".

27 Mark Miete im Monat zahlte die Familie, aber sie hatte auch Einnahmen, die hin und wieder sogar Mietfreiheit bedeuteten. Viele Leute wollten die Aussicht vom Kranz aus genießen, das Eintrittsgeld von 20 Pfennigen durfte Rosa Wolf behalten. Und wenn sich mal wieder ein paar Burschen beim Runterkommen einfach verdrücken wollten, blockierte Hund Harro den Ausgang so lange, bis ordentlich bezahlt war.

Stilles Dulden

Sonntags war droben Hochbetrieb. „Wenn wir auch gerne mal länger geschlafen hätten, der Posaunenchor ließ uns nicht. Er blies ebenso laut wie falsch und das ging einem durch Mark und Bein. Zu Weihnachten kam dann der Chorleiter und entschädigte uns für unser stilles Dulden mit Wurst, Kaffee und anderen Lebensmitteln".

Ein Problem für sich war das Klo: „Es hatte keinen Abfluss und bestand nur aus einem Holzsitz unter dem ein Kübel stand. Mein Mann sah aus wie eine Araberin am Dorfbrunnen, wenn er wieder den vollen Kübel auf dem Kopf die vielen Stufen hinuntertrug, um ihn draußen zu entleeren".

Aufs Klo konnte man übrigens nur durch eine Falltür, und die musste offen sein, wenn jemand den Kranz betreten oder verlassen wollte. Irgendwann überkam Hans Wolf ein dringendes Bedürfnis. Er erreichte das Örtchen, die Falltür blieb zu – und die Besucher fanden die Aussicht so schön, dass sie sehr lange blieben. „Eine Maus in der Falle kennt man ja, aber hier saß ein eingesperrter Wolf".

Ein Wohnort, der zu großen Teilen aus einem Treppenhaus besteht.

Irgendwann wurde dann doch eine Toilette mit Wasserspülung eingebaut. Aber die Rohre waren dünn und die Winter kalt und ein Abflussrohr führte direkt durch Doris' Zimmer. „Es war und blieb eben alles Sch…".

Maul voll

Der Turm war sowieso nicht leicht sauberzuhalten. Doch Hilfe nahte auf vier Pfoten. War Rosa Wolf mit dem Fegen fertig, trug Hund Harro den Besen nach oben, „schön mit schräggehaltenem Kopf, damit er nicht aneckte".

Harro sammelte auch die raus-gelegte Schmutzwäsche auf einem Haufen zusammen und nahm immer wieder ein Maul voller Briketts mit nach oben, wenn er vom Gassigehen kam.

Für Wolfs Nachbarskinder war der Turm natürlich der Hit. In Scharen kamen sie, um Fangerles oder Versteckerles zu Spielen. Einmal sah Rosa Wolf von ganz unten ihre Tochter Ursula in schwindelnder Höhe auf dem Kranz balancieren. Eine Freundin hielt sie lediglich an der Hand fest. „Meine Mutter war arg narred", erinnert sich Ursula Jünk noch gut. In Mamas Memoiren liest sich das so: „Ich beneidete Ursel um ihre Nerven".

Irgendwann hatten die Wolfs dann keine Lust mehr auf Turm und wollten rausziehen in die Rinnenäcker.

Wieder wurde gepackt, „nur um den Kühlschrank war mir bang. Er stand schließlich auf der Brüstung am Kranz, aber niemand hatte den Mut, ihn außen abzuseilen. Das sah ein Küfergeselle von der Straße aus. Er kam herauf, schnappte sich den schweren Schrank und trug ihn wie leichtes Handgepäck auf dem Rücken die vielen Stufen hinunter. Und damit war der Turm hinter mir geblieben".

Hundeleben im Hochwachtturm

„Unser Adoptivsohn", so hat Rosa Wolf gerne den Familienhund Harro genannt. Dem jungen Schäferhund, Abschiedsgeschenk der früheren Nachbarn Dannenmann, waren die offenen Stufen im Hochwachtturm zuerst gar nicht geheuer. Bis er sich daran gewöhnt hatte, ließ er sich gerne von sämtlichen Familienmitgliedern auf den Arm nehmen.

Eines Tages hatte Rosa Wolf Weißbrot gebacken, „es war mir besonders gut gelungen". Da erwischte sie den Hund, wie er gerade unterm Tisch das letzte Stück des noch ofenwarmen Laibes verschlang. „Aber nicht immer wartete er, bis ich mit dem Backen fertig war", berichtet sie in ihren Memoiren. Hatte Harro seinen ungeduldigen Tag, zog er schon vorher die Mehltüte vom Tisch, „der raffinierte Bursche wusste ganz genau, dass er dafür nicht bestraft werden konnte, denn es war ja kein Diebstahl, sondern nur Mundraub".

Harro nutzte auch begeistert den Kaufladen der Kinder zur Selbstbedienung.

„Immer, wenn gerade niemand guckte, ging er einkaufen. Er hat das Wort Selbstbedienung offenbar falsch verstanden und wurde zum Ladendieb, pfui, Harro".

Harro war aber auch ein prima Schiedshund und löste, wuff, auf elegante Art so manchen Streit. Zum Beispiel bei der Weihnachtsbäckerei. Hans wollte nicht, dass das Blech mit Ursels Gutsle zum Bäcker kommt, ihre Ausstecherle seien „dreckig". Ursel heulte – und plötzlich ging ihr Weinen in Lachen über. Das Kuchenblech, das auf einem Stuhl stand, wurde nämlich immer leerer, „schließlich war nur noch ein Gutsle drauf, das hatte Harro nicht mehr geschafft und zum Bäcker musste jetzt auch nichts mehr".

Sicher vor der gierigen Hundeschnauze war übrigens nur jener Nussring, bei dem Rosa Wolf aus Versehen Zucker mit Salz verwechselt hatte: „Nicht einmal Harro wollte ihn haben".

Rosa Wolf mit Hans und Harro

Wie Berthold und Martin sich die schöne Hildegard teilten, obwohl es gegen die zehn Gebote war

Tatort Turmstube des Achim von Armin

Im romantischen Roman „Die Kronenwächter", erschienen 1817 erschien, beschreibt der Schriftsteller Achim von Arnim (1781-1831) die Turmstube in seiner Weise. Nicht zuletzt dieser Roman war lange Zeit ein Baustein des sogenannten „Staufermythos'", erweist sich in der Geschichte der junge Berthold doch als einer der letzte Nachfahren von Kaiser Barbarossa. Gut zu wissen allerdings, dass Achim von Arnim Waiblingen niemals besucht hatte, bevor er seinen Roman schrieb.

Auf dem Turme saß der alte, trockene Martin, der neue Turmwächter im verschossenen, roten Wams, den er noch aus dem italienischen Kriege mitgebracht hatte, zwischen Frau Hildegard, mit der er heute vermählt war, und Berthold, dem Ratsschreiber, wie auf dem Felde des Schachbretts zwischen Schwarz und Weiß, denn jene war reinlich in weißem, selbstgewebten Leinen, dieser sehr anständig in schwarzem Tuch gekleidet. Martin sprach davon, wie er sonst auf Schlachtfeldern zwischen Tod und Teufel und jetzt wie im Schachspiel fröhlich zwischen Freund und Frau sitze und habe sich das nicht träumen lassen voraus, dabei umfaßte er beide und drückte beiden die Köpfe an einander, daß sie sich küssen mußten und trank dann seinen Wein auf die Erinnerung einer Neujahrsnacht, wo er und Berthold auf den Turm stiegen und Frau Hildegard belauschten, wie sie mit ihrer Base Zinn gegossen.

Berthold: Das war eine schöne Nacht, klar und warm, die Witterung wird immer rauher in Waiblingen und die Welt geht endlich gewiß in Eis unter.

Martin: Kalt oder warm, untergehn muß sie doch bald, wenn nur Hildegard so lange lebt, um den Lärm mit uns zu beschauen. Ja, in der Nacht ging mir das Herz auf gegen dich und es zuckte mir in dem Arme, was hilft's verhehlen, Gott weiß es doch und schreibt sich alles auf.

Berthold: Du wolltest der guten Frau um den Hals fallen, die Sünde vergibt der Küster.

Martin: Nein Berthold, ihren Mann wollte ich zum Turm hinunterwerfen, er stand auf der Mauer und blies das neue Jahr an, er wollte sich recht hören lassen, da tratest du zwischen uns und so wurdest du mein guter Engel und bist es immer geblieben und hast bei Hildegard für mich geworben. Das kam alles vom Zinngießen.

Hildegard: Hab dich damals am Fenster nicht beachtet, aber den Zinnguß habe ich aufgehoben, wie ich alles aufhebe; seht da, drei Kirchtürme im Zinn, was deutet mir das?

Martin: Der eine bedeutet deinen ersten Mann, der zweite deutet auf mich und der dritte, das ist dein dritter Mann Berthold.

Hildegard: Der Tod ist der dritte Mann.

Berthold: Hör Martin, ich mag auf deinen Tod zu meiner Seligkeit nicht warten; dir schadet's doch nicht, wenn du ein paar Stunden mit offner Brust im Schneegestöber auf ein Wild lauerst, ich muß mir schon Kopf und Füße warm halten, am Schreibtische altert ein Mensch früher, als auf dem Rosse.

Martin: Mit dem Reiten und Fechten ist es jetzt aus, bin ärgerlichen Gemüts und das gedeiht nicht im Alter; kann ich die Armbrust nicht mehr spannen und keinen Vogel im Fluge sehen und treffen, dann stößt mir der Gram das Herz ab. Sieh Berthold, so gräm ich mich auch, daß wir von einander ziehen sollen und haben so lange mit einander Haus gehalten, ich sorgte fürs Wildbret und du für die Fische aus dem Ratsweiher. Es liegt wenig daran, ob einer in Seide oder nackt, wie auf dem Schlachtfelde begraben wird, aber daß wir nicht in alten Tagen einsam leben müssen, davor behüte der Himmel jeden. Hör Berthold, wir sind heute bei deinem Wein lustig, sei künftig auch vergnügt bei unserer alltäglichen Hausmannskost, zieh herauf zu uns, Hildegard wird dir mit keiner doppelten Kreide anschreiben.

Berthold: Du kannst meine Gedanken lesen, dachte schon lange daran, ob ich mir nicht dort auf der wüsten Brandstelle ein Haus in eurer Nähe errichten könnte, wo wir zusammen aus einer Kasse lebten und mit einander teilten, was wir verdienen.

Martin: Damit alles gleich wird, teilen wir auch die Frau.

Hildegard: Sonst bin ich mit allem zufrieden, aber das ist gegen die zehn Gebote.

Martin: Und er soll dein Herr sein, hat der Pfarrer gesagt und dabei bleibt's, Berthold schläft hier, du nennst ihn Du wie mich, du sorgst für ihn wie für mich und schlägst ihm nichts ab, er wird nichts Ungebührliches von dir fordern. Und hier ist deine Schlafstelle auf der alten Wurfschleuder, die doch nimmermehr gebraucht wird, hier ziehen wir eine Wand von Latten und du überziehst sie mit Papier, so hast du dein Haus da drin und dein Fenster und deine Schreibereien liegen da ungestört und wenn wir Nachts nicht schlafen können, so können wir wie bisher miteinander reden; du sagst, was du Neues gelesen und ich, was ich in jungen Tagen bei dem Franzosen und Italiener erlebt habe.

Der **Hochwachtturm**, Wahrzeichen von Waiblingen, ist eines der wenigen erhaltenen mittelalterlichen Bauteile der Altstadt. Er steht auf der höchsten Erhebung des Altstadtrückens und ist vermutlich auf den Grundmauern einer, im Reichskrieg 1291 zerstörten, staufischen Burgfeste errichtet. Der architektonische Steckbrief: Grundfläche 7 x 7 m, Mauerstärke unten 2,20 m und oben ca. 1,40 m, Höhe bis Turmkranz 21,50 m, bis Dachtrauf 28 m, bis über Dachreiter 40,50 m. Das heutige Aussehen erhielt er im 15. Jahrhundert. Sein Bewohner, der Turmwächter, musste auch gleichzeitig Stadtmusiker sein und ein Blasinstrument, „Zinke" genannt, spielen. So erhielt der Turm den Spitznamen „Zinkenistenturm" oder kurz „Zinkenist". Im Februar 1863 brach im Zehnthof ein Großbrand aus, dem nicht nur 13 Gebäude in der Altstadt, sondern auch das Dach des Hochwachtturmes zum Opfer fiel. Es wurde ersetzt durch das bis heute erhaltene Zeltdach samt der oben angebrachten Feuerglocke, die noch bis weit ins 20. Jahrhundert bei Bränden auf dem Waiblinger Stadtgebiet Alarm gab. Der letzte Bewohner verließ den Turm am 23. Dezember 1963. Bis heute ist der weite Blick über die Dächer der Stadt ins Waiblinger Umland unbestrittener Höhepunkt jeder Stadtführung. Von jeder Besuchergruppe leidenschaftlich diskutiert wird stets die genaue Zahl der Stufen, die auf den Turm führen. Also: Am besten bei nächster Gelegenheit vorbeischauen, selbst nachzählen und als Belohnung die Aussicht genießen!

Eduard Mörike nannte Waiblingen „die Stadt der drei Türme": Der Turm der Michaelskirche, der Beinsteiner Torturm und vor allem der Hochwachtturm sind immer präsent.

Oimal om da Kranz romlaufa

Aufgewachsen in Sichtweite zum Hochwachtturm, hatte dieser in meiner Jugend und auch heute noch eine besondere Bedeutung. Er war Wächter über die Stadt und zeigte uns mit dem auf der Spitze thronenden Wetterhahn die Windrichtung an. Kam der Wind von Westen, war schlechtes Wetter zu erwarten, zeigte er in Richtung Osten, war kein Regen zu erwarten. Selbst in der Zeit des Krieges und der Bombenangriffe gab er Orientierung. Man konnte an den sogenannten Christbäumen am Himmel ablesen, welche Stadt „der Feind" im Visier hatte. Sie waren Zeichen für die nachrückenden Geschwader, im abgesteckten Rund ihre Bomben abzusetzen. Des Öfteren geht auch heute mein Blick mit einer gewissen Erleichterung zum Hochwachtturm, er ist noch da, für mich verkörpert er so etwas wie Heimat.

Nun gab es da in meiner Kindheit, als dieser Turm noch bewohnt war, einen Türmer namens Mack, der oft und gerne bei meiner Mutter, die einen sogenannten Kolonialwarenladen in der Schmidener Straße hatte, seinen Pris, den Kautabak, vom Turm „on call" bei ihr bestellte. Er formte mit den Händen einen Trichter und rief aus dem Fenster in Richtung Schmidener Straße, „Elsbeth, dei Jonga soll mer en Pris brenga, i han koin me und die Trepp macht mer allmählich saumsässig z'schaffet".

Meine Mutter zitierte mich von der „Gass" mit der Aufforderung: "Ziag en frischa Schurz a, gang nuf zum Mack ond breng em sein Pris, aber glei". Da gab es keine Widerrede und keine Diskussion, das wäre zu dieser Zeit nicht denkbar gewesen. Also stapfte ich die auch für mich endlosen Stufen hinauf zur Wohnung des Türmers und überbrachte Herrn Mack seinen Pris.

Dann kam, was ich schon erahnte, sein unausweichliches: „Des isch aber brav von Dir, dafür derfscht jetzt oimal om da Kranz romlaufa ond nondergucka". Für mich eine Tortur. Ich habe nie gewagt, mich dieser sicherlich gut gemeinten Aufforderung zu widersetzen und ihm einzugestehen, dass ich überhaupt nicht schwindelfrei bin und es eigentlich eine Strafe für mich ist. Wie hätte ich es auch sagen können, für mich war der Tümer Mack eine Autorität, er hatte den Überblick, hoch oben über Waiblingen.

Sigrid Keppler

Es braucht ein ganzes Dorf, um ein Kind zu erziehen
Wie ein afrikanisches Sprichwort im Waiblinger Felsenkeller wahr wurde

Von Ursel Sauerzapf

Unsere Geschichte spielt zwar nicht in Afrika, dafür aber in Waiblingen, einer kleinen, schwäbischen Oberamtsstadt im damaligen freien Volksstaat Württemberg. Und sie ähnelt dem afrikanischen Sprichwort von der Kindererziehung, für die es ein ganzes Dorf braucht, auf ganz erstaunliche Weise.

Versetzen wir uns zurück in das Waiblingen von 1928, just in die Zeit, in der Irmgard Mayer als einziges Kind der Eltern Wilhelm und Berta Mayer geboren wurde.

Erzählt man heute aus dieser Zeit, so muss man sich vorstellen, dass damals auf Waiblinger Straßen mehr Kuh- und Pferdegespanne fuhren als Autos, dass es nur eine Schule gab und man die Milch entweder direkt beim Bauern oder bei der Milchfrau kaufen konnte, die täglich durch die Straßen zog. Im Mühlkanal konnte munter gebadet und im Winter auf der Rems Schlittschuh gelaufen werden. Waiblingen hatte damals nicht einmal 10.000 Einwohner, heute dagegen über 53.000.

Spielplatz der Kinder war hauptsächlich die Straße. Dort traf man sich mit Schulkameraden und Freunden, man kickte, spielte Fangerles, ja selbst Schlittenfahren im Winter war kein Problem. So auch für Irmgard, die zwar keine Geschwister hatte, dafür aber umso mehr Verwandte, Nachbarn und Gäste ihrer Eltern, hatten die doch eine Gastwirtschaft, den „Felsen", zu betreiben.

Wilhelm und Emma Mayer (geborene Winkler) waren keine Wirtsleute

Schlittschuh laufen auf der Rems

aus Leidenschaft, zumindest am Anfang nicht. Wilhelm wuchs zwar im „Felsen" auf, war aber ein gelernter Verwaltungsmann. Er hatte, gemeinsam mit dem späteren Waiblinger Oberbürgermeister Diebold, einen Verwaltungskurs besucht.

Wie das Leben spielt, so hätten eigentlich Sophie und Otto Meinhold den „Felsen", der seit Generationen im Besitz der Familie Mayer war, übernehmen sollen. Sophie war Irmgards Tante väterlicherseits, ihr Mann Otto passenderweise Metzger von Beruf. Deren berufliche Zukunft lag aber zu der Zeit bereits im „Lädle", einem kleinen aber feinen Obst- und Gemüseladen in der Kurzen Straße, der später von deren Tochter, Ida Aldinger, noch lange Zeit weitergeführt wurde. Trotzdem blieb Otto dem „Felsen" stets treu zu Diensten, vor allem für Schlachtfeste, wurde doch dazu seine hervorragende Wurst gebraucht.

Und so musste eben Wilhelm ran. Er kümmerte sich hauptsächlich um die im Wirtshaus auszuschenkenden flüssigen Sachen, um Most, Schnaps und Wein. Gehörte doch zum Wirtshaus auch eine eigene Mosterei und Brennerei. In den Wein legte Wilhelm seine besondere Sorgfalt. Er holte bei den Wengertern den

... und so sieht's heute dort aus.

Traubensaft und baute den Wein ganz nach seinem Geschmack selbst aus.

Die Wirtshausküche war, entgegen heutiger Zeit, fest in Frauenhand. Küchenfrau Marie hat alles gemacht, von der eigentlichen Küchenarbeit bis hin zur Wäsche. Ihr zur Hand ging eine ehemalige Mitarbeiterin der Krankenhausküche, die nach dem Tod ihres Mannes die beiden Töchter durchbringen musste und die hervorragend kochen konnte. Und nicht zuletzt Mutter Emma. Ihr lagen die Gäste sehr am Herzen, sie war die Seele des Hauses, so dass sich jeder Gast rundum wohlfühlen konnte.

Und so wurde Irmgard 1928 als einziges Kind mitten in den Wirtshausalltag hineingeboren.

Keine Geschwister – ja. Einsam? Nein! Um Irmgard kümmerte sich doch eine große „Dorfgemeinschaft" bestehend aus Personal und Gästen, einer riesengroßen Verwandtschaft

41

Ballspiel im Sonntagskleid

auch über die Ortsgrenzen hinaus, die Nachbarn und nicht zuletzt Mäx, ein mittelgroßer Schnauzer mit grauen, flauschigen Haaren. Irmgard war beliebt, keinem lästig und so ein rundum glückliches und zufriedenes Kind. Wünschte sie sich einen Ball, so bekam sie ihn gleich im Doppelpack. Fröhliche Geber gab's ja genug.

Von den vielen Verwandten ist vorneweg die Familie König zu nennen: Onkel Wilhelm, Tante Mathilde (die Schwester von Vater Wilhelm), die Vettern Kurt und Siegfried (beide sind 1943 innerhalb von 5 Wochen in Russland gefallen) und das Bäsle Waltraud. Irmgard fühlte sich bei den Königs, vor allem aber in Gegenwart von Kurt und Siegfried, den besten Spielkameraden der Welt, pudelwohl und wie zu Hause. Man tobte, bis es einem zu warm wurde und man die gehassten Bleyles-Oberteile endlich ausziehen konnte. Und die Eltern waren sich sicher, dass Irmgard von einem der Jungen nach Hause gebracht wurde. Wenn, ja wenn da nicht die ersten Liebschaften gewesen wären. „Gell Irmgard, du kommsch jetzt voll alloi hoim", hieß es dann, wenn ein junges Mädchen auf einen der beiden Burschen wartete. Bei so viel familiärer Verbundenheit war es auch selbstverständlich, dass Irmgard mit zu Ausflügen durfte, besaß doch Onkel König ein Riesenfahrzeug namens „Adler", in dem die Familie herumkutschiert wurde. Ja, selbst Else, die Hausangestellte der Königs, wurde bei Hochzeiten im „Felsen" entliehen, sie half in der Küche und brachte, wenn es Zeit war, Irmgard auch noch zu Bett.

War die Familie König also ein Teil der erziehenden Dorfgemeinschaft, so waren ein anderer die Großeltern Winkler, in deren Gärtnerei es immer etwas zu entdecken gab. Großvater wurde sehr gemocht. Musikalisch war er, konnte sich aber aus finanziellen Gründen nur eine Zitter leisten. Allein deshalb kaufte er für seine Töchter, also auch für Irmgards Mutter Emma, ein einfaches Tafelklavier, das man sich eben noch leisten konnte. Johanna, die jüngere Tochter, hatte eine sehr gute Stimme und wurde zum Lehrer Theurer nach Degerloch geschickt. Irmgard durfte ihre Tante immer begleiten – was für ein Erlebnis und was für eine halbe Weltreise das damals war!

Die besten Spielkameraden der Welt

Ist heute eine Wohnung ohne Badezimmer kaum vorstellbar, so wurde zur damaligen Zeit die sonntägliche Prozedur in die dafür

Bleyle's
Knaben-Anzüge

umgewandelte Wirtshausküche verlegt. Warum das? Die Küche war sonntagmorgens bereits geheizt und noch wurde um diese Stunde nicht für die Gäste gekocht. Zwei Stühle mussten als Ständer dafür herhalten, dazwischen ein Züberle aus Holz platziert. Das Badewasser wurde auf dem Herd erhitzt, ab damit ins Züberle und schon konnte Irmgard in diesem eingeseift und abgeschrubbt wurden.

So weit, so gut. Aber nach dem Bad musste man, wenn die Haut noch ein bisschen feucht war, Bleyleskleider anziehen. Kostbare Stücke waren das, aus guter, reiner Wolle, unverwüstlich, die sich beileibe nicht alle Leute leisten konnten. Diejenigen, die sie nicht hatten, beneideten die, die sie hatten und wer sie hatte, hätte gerne getauscht, „bissen und kratzten" die doch so sehr auf der noch feuchten Kinderhaut, dass man die edlen Stücke gerne für alle Zeit verdammt hätte. Irmgard jedenfalls wünschte sich jedenfalls ein riesen Loch herbei, so groß, dass sich das Flicken nicht mehr gelohnt hätte.

Nur um das Badewasser zu erwärmen, ließ Vater Mayer eigens von der Schnapsbrennerei und Mosterei aus eine Dampfleitung in den zweiten Stock legen. So war's zwar mit

dem Erwärmen des Badewassers einfacher, die Bleyleskleider aber, die blieben zum Leidwesen der Kinder trotzdem.

Wie die Königs, die Großeltern und Nachbarn, so gehörte auch die Familie Rommel zur „Dorfgemeinschaft", auch wenn sie nur in „Teilzeit" mit Irmgard zusammen lebten. Sie waren mit Mayers verwandtschaftlich verbandelt, und lebten gewöhnlich auf dem Klotzenhof bei Lorch. Nur im Winter, dann nämlich, wenn die Schafe für die kalte Jahreszeit ein Quartier benötigten, siedelten sie mitsamt Hütejunge um in die Waiblinger Kelter. Tagsüber ging einer, meistens der Jüngste von der Familie Rommel, samt Hund mit den Schafen in verschiedene Baumstückle zum Weiden, abends wurde „Schwarzer Peter" gespielt, haben doch die Rommels im „Felsen" gewohnt.

Schon von jeher war die Winnender Steige hinunter zur Waiblinger Kelter das Rodelparadies der Kinder. Vorausgesetzt, man hatte einen Mitrodler und guten Lenker dabei, kam man nach rauschender Fahrt auch heil bei der Kelter an. Ansonsten sorgten Berührungen mit Bäumen und Litfaßsäulen für unliebsame Zusammenstöße, die

Raus aus der Wanne, rein in den Bleyle

Die Hoch-Zeit des gastronomischen Gewerbes lag vermutlich zu Beginn des 19. Jahrhunderts, als die Waiblinger Altstadt geprägt war von einer fast unüberschaubaren Vielzahl von Wirtschaften jeglicher Größe und sicher auch Qualität.

Zehn „Schildwirtschaften" – nur wer auch Zimmer zur Übernachtung anbot, hatte das Recht, ein solches Schild zu führen und durfte Taufen, Hochzeiten und große Gastmahle abhalten – und über 20 gemeine Gassen- oder Schankwirtschaften buhlten damals um Gäste. Acht Brauereien, alle mit Gasthäusern verbunden, sorgen für nie endenden Nachschub an Gerstensaft, und das in einer Stadt, die sich noch bis zum 30jährigen Krieg ausschließlich dem Weinbau verschrieben hatte.

Die meisten Wirtschaften sind heute vergessen, oder wer kennt noch so illustre Gaststätten wie den „Felsenkeller", die „Rose", das „Schiff", das „Blümle"?

Eine ganze Arche Noah von Viechern kommt in den alten Waiblinger Wirtshausnamen zusammen: „Hirsch" und „Lamm", die „Gastherberge zum rothen Löwen", der „Adler", der „Schwanen", der „Silberne Hecht", der „Hasen", der „Goldenen Hahnen", um nur einige zu nennen.

zwar nicht immer für körperliche Schäden, aber manchmal für zerbrochene Schlitten sorgten. So kann, wenn auch 20 Jahre später geschehen, die Schreiberin dieser Geschichte von denselben Erfahrungen berichten.

Das „ganze Dorf", Familie, Verwandte oder der Liederkranz Waiblingen (heute unter dem Namen „Philharmonischer Chor" bekannt), der im „Felsen" unter seinem Dirigenten Mangold, einem pensionierten Lehrer, seine Proben abhielt, schmetterten Lieder und ganze Arien durchs Haus. Irmgard wuchs mit dem Liedgut von Silcher, Schubert, den Loewe-Balladen (kein Familienfest ohne „Die Uhr") und Opernarien auf, sie wurden vom sehr gut singenden Vater vorgetragen, der sich auf dem Klavier selbst begleitete.

Irmgard heute: „Erst jetzt wird mir bewusst, welchen Schatz an Erinnerungen ich haben darf, weil mein Vater wirklich mit der Musik gelebt hat".

Lange bevor sie ihren Mann kennenlernte, hatte Irmgard bereits Kontakt zur Familie Hess. Und

Pensionierte Lehrer schmetterten Arien durchs Haus

wie kann es bei einer so musikalischen Familie, die die Mayers nun einmal waren anders sein, eben durch die Musik. Musik verbindet:so auch Elfi Ehrhardt, Bettina Oppenländer und eben Irmgard Mayer. Frau Ehrhardt, in Stuttgart wohnend und dort ausgebombt, fand bei Bettina Oppenländer Unterschlupf und konnte dort ihrer Leidenschaft, sie war Klavierlehrerin von Beruf, nachgehen. Ja nun, und Bettina Oppenländer wiederum ist die Cousine von Walter Hess. Erst von Bettina, die Irmgard bei einem Vorspiel kennenlernte, hat sie von der Verwandtschaft erfahren. Zu der Zeit war sie aber noch lange vom ersten Kennenlernen entfernt.

Und was wäre ein Weihnachtsfest ohne die Musik gewesen! Am ersten Weihnachtsfeiertag kam die ganze Familie im „Felsen" zusammen, am zweiten traf man sich bei den Großeltern Winkler. Und Irmgard wurde kurzerhand auf den Klavierhocker gestellt und schmetterte aus voller Brust „Ich bin der Doktor Eisenbart".

Wer kennt denn heute noch Pfänderspiele? „Alle Vögel

Wer's nachsingen möchte, hier ist die erste Strophe; gesungen wird auf die Melodie von „Ein Mann der sich Kolumbus nannt":

Ich bin der Doktor Eisenbart, widewidewitt, bumm,bumm. Kurier die Leut´ auf meine Art, widewidewitt, bumm,bumm. Kann machen, dass die Blinden gehen, und dass die Lahmen wieder sehn. Gloria, Victoria, widewidewitt, jucheirassa ! Gloria, Victoria, widewidewitt, bumm, bumm!

fliegen hoch" oder „Kommando Bimberle"? Bei Irmgards Familie war auch das Weihnachtsfest ohne diese Spiele nicht denkbar. Wenn, ja wenn da nur nicht das Einlösen des Pfandes und das Küssen des Vaters gewesen wäre, dessen Gesicht ein kratziger Bart umgeben hat!

Was aber wäre ein Dorf ohne Nachbarn. Dem „Henna-Mack" zum Beispiel, der am Kätzenbach seine Hühnerfarm betrieb, im „Felsen" ein und aus ging, Frau Mayer regelmäßig mit Mist für den Gemüsegarten belieferte und Irmgard mitnahm, wenn Futter in Marbach bei der

Raiffeisengenossenschaft geholt werden musste.

Oder Frau Arbogast, Schneiderin von Beruf mit eigenem „Atelier" in der alten Post am Postplatz. Das alte Gemäuer befand sich auf dem Gelände der Ziegelei Hess, die sich zum damaligen Zeitpunkt an der Stelle des heutigen Landratsamtes befand. War das Gebäude alt und für kleine Mädchen nicht ganz geheuer, so war es das Treppenhaus erst recht nicht, in dem eine Vitrine aufgestellt war, bestückt mit mehreren Totenköpfen! In Begleitung der Mutter war der Vorbeimarsch ja noch einigermaßen auszuhalten, alleine aber bewappnete sich Irmgard stets mit einem kleinen Regenschirmle, das aufgespannt die Sicht zum Ungeheuerlichen versperrte. Das war Irmgards erste Begegnung mit der Ziegelei Hess, der später noch viele folgen sollten. Hat sie doch Walter Hess, den Sohn von Theodor und Antonie Hess, geheiratet.

Der Herr Papa, so wird erzählt, „hot scho arg en sei Mädle neiguckt", Mutter Mayer dagegen war die strengere. So war es selbstverständlich, dass „s'Mädle", zwischenzeitlich aus den Bleyles-Kleidern herausgewachsen, in der Wirtschaft helfen musste oder kurzerhand mal geschwind mit dem Fahrrad einkaufen musste, sollte sonntags etwas ausgehen. Sonntags einkaufen gehen? Wie das? Nun, in der Regel waren Bäcker und Metzger ausruhenderweise am Sonntagnachmittag zu Hause anzutreffen. Auswahl gab es zur damaligen Zeit in Waiblingen ja genug, und einer war wohl immer zu Hause anzutreffen. So hat unsere Irmgard geklingelt, berichtet, dass die Gartenwirtschaft, unter anderem von Spaziergängern und Stücklesbesitzern am Rosberg gerammelt voll sei und man dringend Nachschub für die Wirtshausküche brauche. Der Einkauf war schnell getätigt, ab mit den Waren auf den Fahrradkorb, rasch noch ein Scheible Salami in den Mund gesteckt und dann aber schnurstracks zurück in den „Felsen", wo sie mitsamt Ware schon längst erwartet wurde.

So erlauben wir uns nun in der Geschichte einen Schwenk hinein in die 40er-Jahre. Der Krieg ist zu Ende, und Walter Hess, der sich 4½ Jahre in russischer Gefangenschaft befand, kam Ende November 1948 nach Hause. Da es eine Wiedersehensfeier im Felsen geben sollte, wurde kurzerhand ein Hammel geschlachtet, in einen Waschkorb gepackt und dort in der Küche zubereitet. Es gab Musik und Tanz und zu gegebener Zeit lud der junge Herr Hess das ebenfalls junge Fräulein Mayer ein, um sich mit an den Tisch zu setzen. Sie entledigte sich kurzerhand des Küchenschurzes, zog ein Kleid an, um sich kurze Zeit später die Vorwürfe der Mutter anzuhören. „Was fällt dir ein!!!" – „Ich bin doch eingeladen". Ich kann mir diese Szene sehr gut vorstellen.

Wiedersehen bei Hammelfleisch, Musik und Tanz

Nun, die Dinge kommen, wie sie kommen müssen. Tanzstunden wurden zu dieser Zeit fast alle im Felsen abgehalten, so auch die von Walter Hess. Er tanzte ausschließlich mit ihr, sie verliebten sich... – und die Geschichte nahm ihren Lauf.

Warum diese Geschichte erzählt wird? Wäre es nicht auch heute noch wünschenswert, wenn Kinder ein ganzes Dorf im Rücken hätten, das dabei hilft, sie zu erziehen? Nicht nur die Kinder würden davon profitieren!

Von Dauerlutschern, Bärendreck und kleinen Schulden
Wie eine ganze Familie vom „Pfenniggschäft" leben konnte

Von Ursel Sauerzapf

Vorneweg: Die Hauptperson unserer Geschichte lebt heute mit über 93 Jahren in einem Waiblinger Altenheim. Als ich sie das erste Mal besuchte, kam sie mir entgegen, schlecht zu Fuß zwar, aber fit im Kopf mit guten, quicklebendigen Augen und Ohren. Und zu meinem großen Erstaunen sah ich eine Nähmaschine auf dem Tisch stehen und einige zu ändernde Kleider drum herum. Ja, Elisabeth Goebel näht! Nicht nur für sich, nein, auch für die Bewohner des Heims, denen sie gern die eine oder andere Näharbeit abnimmt. Auch wenn sie mit der Nähmaschine, die ihr das Heim zur Verfügung stellt, überhaupt nicht zufrieden ist. Ja, eine Bernina sollt's halt sein, „oh des wär schee"!

Ich kenne Frau Goebel schon lange. Ich kannte ihr „Pfenniggschäft" in der Christofstraße 27, gleich unterhalb der Turnhalle der heutigen Comeniusschule, in dem auch ich für 10 Pfennig Bärendreck oder ein Schulheft kaufte, und, da wir später, längst erwachsen,

in der näheren Umgebung wohnten, traf man sich ab und zu auf der Straße.

Und nun die Begegnung im Altenheim: Es wurde wahrlich ein heiterer Nachmittag. Einer, der für mich völlig überraschend verlief, habe ich doch so eine vergnügte, gesprächige und mit ihrem Zustand zufriedene Person in einem Altenheim nicht erwartet.

„Wissen Sie, ich bin halt so arg neugierig und das Leben ist so interessant", sagte sie zu mir.

Nun, das „Pfenniggschäft" und seine kleine Kunden, das sollte das Hauptthema unseres Gesprächs sein, aber erfahren habe ich noch viel mehr.

Beginnen wir also von vorn:

Frau Goebel wurde 1918 in Schramberg in einen Wirtshausalltag samt Landwirtschaft hineingeboren, zu einer Zeit also, als die Mitarbeit der Kinder, sie waren acht, im eigenen Betrieb selbstverständlich war. Schnell lernte sie selbstständig zu denken und zu handeln, noch mehr, als sie von ihren Eltern „in die Fremde", sprich nach Waiblingen, geschickt wurde, um Erfahrungen zu sammeln und einen anderen Wirtshausbetrieb, in unserem Fall das Waiblinger „Ratsstüble", kennenzulernen.

Und wie das Leben so spielt, hat sie dort nicht nur eine andere Arbeitsweise, sondern auch ihren künftigen Ehemann kennengelernt. Schramberg und Wirtshaus ade! Die zwischenzeitlich gemachten Erfahrungen konnten auch gut im Fotogeschäft

des Ehemannes gebraucht werden. Was für eine Umstellung! Eine Freude war's nicht gerade, zudem stellte sich bald heraus, dass der Laden in der Christofstraße, abseits der Waiblinger Innenstadt gelegen, keine Familie ernähren konnte. Was tun? Frau Goebel musste da wohl nicht allzu lange überlegen, befanden sich doch in unmittelbarer Nachbarschaft das einzige Gymnasium und die Mittelschule der Stadt. Familie Goebel sattelte 1945 um und verkaufte anstelle von Filmen und Kameras ab sofort Schulsachen, Bonbonle und Wurstbrötle.

Sie kamen alle. Zwei eigene Kinder und die von der Schule. Frau Goebel liebte sie und schloss sie in ihr Herz. Besonders diejenigen, die von auswärts kamen, die mittags nicht nach Hause konnten und kein Essen bekamen, waren ihre Schützlinge.

Nur außerhalb des Schulgeländes wurde ihr der Wurstbrötlesverkauf genehmigt, 18 Pfennig das Stück. Einkauf des Weckles für 10 Pfennig, dazu 2 Rädle Wurst, ein Gürkle, die Arbeit – viel verdient war dabei nicht.

Und trotzdem, sie hat für die Kinder gesorgt, bezeichnete sich selbst als Freund der Kinder, obwohl diese ihr nicht immer mit Freude und nicht immer ehrlich begegnet sind.

Hab kein Geld dabei, zahl's morgen

Kleine Diebe gab es zu allen Zeiten im Geschäft. Manche wurden ertappt und zur Rede gestellt, manche zahlten daraufhin am nächsten Tag, manche nicht. Und wieder andere erhielten nie mehr eine Ware auf Pump. Frau Goebel kannte sie alle, die großen und

kleinen Gauner, diejenigen, die beim Klauen erwischt wurden und sich anschließend mit roten Backen aus dem Laden schlichen. Das Geld war knapp nach dem Krieg, nicht nur bei den Kindern. So wurde selbst das für die Schule notwendige Lexikon auf Pump gekauft. Und trotz allem immer wieder der Satz: „Ich mochte die Kinder einfach!"

Es waren halt Lausbuben, die sich vor die Regale stellten und rücklings so eben mal in die Keksdose gelangt haben.

Oder das Mädchen aus einfachem Elternhaus, das halt so dringend einen Zeichenblock und mehrere Hefte brauchte und das nicht zahlen konnte. Später haben sich die beiden kennen gelernt – vergessen, vorbei – Frau Goebel hätte es nicht gewagt, das Mädchen darauf anzusprechen. Zu gut kannte sie die damalige Situation zu Hause. „Aber em großa on ganza isch scho zahlt worda!" Vor allem zu Schuljahresbeginn, wenn die Eltern ihre Kinder begleiteten und das Notwendige bei ihr einkauften. Bücher waren's, die aus dem „Pfenngigschäft" zeitweise ein richtiges werden ließen.

Schon längst vor der ersten Schulstunde stand ihre Ladentür offen, schnell noch ein Heft gekauft, das zu besorgen vergessen wurde: „Hab kein Geld dabei, zahl's morgen" – wer weiß! Vielleicht noch für 10 Pfennig Bärendreck, sofern das Taschengeld dafür ausreichte. Wenn es hoch kam, gab's auch mal die Sammelbestellung eines Lehrers; das waren Sternstunden des kleinen Goebel-Ladens.

Frau Goebel war der „Chef im Haus", ihr Mann, der sich nicht so gut mit den Schülern verstand und sich nicht gern mit ihnen herumärgerte, war mehr im Hintergrund tätig. Er half, wo er konnte, richtete mit ihr zusammen die Wurstbrötle, 80 Stück pro Tag, war ihre rechte Hand vor allem dann, wenn der Laden nach der Schule voll war und heizte im Winter ein, mit Holz und Kohle versteht sich. Ladenöffnungszeit: 6.45 Uhr. Und in den Schulferien,

wenn keine Wurstbrötle, Bonbonle und Schulhefte gebraucht und so auch nicht viel verdient wurde? „Ha, do han i dr Lade gweißelt!"

Und Seelentrösterin war sie:

Für diejenigen, die sich vom Lehrer ungerecht behandelt fühlten. Lehrer, die einen Standesdünkel hatten, die unterschieden zwischen den Kindern, deren Vater „was war" und die von Haus aus schon die Berechtigung besaßen, das Gymnasium zu besuchen und denjenigen, die aus einem einfachen Haushalt kamen. Für Kinder, die einfach so nach der Schule auf einen Schwatz vorbeikamen, die ihren Kropf leeren mussten, die erzählten von ihren Sorgen und Nöten, mit Eltern, Lehrern, schlechten Noten, auch mal vom Verlust des Vaters. Für die Mädchen, die überraschend ihre Tage bekamen. Ihnen half sie mit dem dafür Notwendigen aus, spendete Trost und erntete dafür auch so manches Mal den Dank ihrer Mütter. Nicht nur einmal führte sie die Mädchen mit in ihre Wohnung, die über dem Laden lag: „Komm, lieg halt a bissle na".

Für die Abiturienten, die fix und fertig waren und sich von ihr beruhigen ließen. Die vor der Prüfung aufgeregt waren und die

bei ihr einen mit Baldriantropfen beträufelten Zuckerwürfel abholten. „Wie isch's dr denn erganga? War's schwer?" Und da hat doch ein Schüler wegen dem Schiller das Abitur nicht bestanden. Nur wegen einer Frage!

Für ein Mädchen, dessen Bluse vom Nebensitzer mit Tinte verschmiert worden war und das mit Ärger zu Hause rechnen musste: „Kenned Se mir helfa?" Selbstverständlich konnte sie und der Tintenfleck wurde, so gut es eben ging, mit Zitrone entfernt.

Sie fühlten sich bei ihr aufgehoben und wie zu Hause. „Henn Se nedd…?" und in allen möglichen und unmöglichen Situationen „hot se au ghet" – in Wort und Tat:

I han halt a Gfühl für die Kender ghet!

Frau Goebel war die Seele des Geschäfts. Für die Kinder, die sie einerseits beklauten, ihr aber andererseits wieder Beachtung und Anerkennung schenkten: Das ging bis hin zum selbstgebastelten Aschenbecher aus Ton, der heute noch existiert. Und erst neulich, noch zu Hause in der Christofstraße, wurde sie von einem ehemaligen „Kunden" angesprochen mit dem Satz: „Stelled Se sich vor, i ben jetzt scho en Rente!"

Mitte der 80er Jahre war Schluss mit dem Goebelschen Pfenniggschäft, aber nicht mit den vielen Erinnerungen, die in ihr verankert sind. Vielleicht erreicht diese Geschichte auch den einen oder anderen „kleinen Kunden" aus vergangener Zeit. Vielleicht erzeugt sie auch heute noch ein wenig Geschmack nach Bärendreck und Dauerlutscher auf der Zunge.

Ich jedenfalls komme auf dem Krämermarkt selten an dem bunten, klebrigen Zeug vorbei.

„Wie isch's dr denn erganga?
War's schwer?"

Vom Stadtführer, der auszog, das Fürchten zu lehren
Hast du den Totenkopf schon mal gesehen?

Von Wolfgang Wiedenhöfer

Mit bangen Blicken blinzeln Kinderaugen ins Dunkel. Zwei Mutige leuchten mit dem Blitzlicht ihres Fotoapparates den Raum durch ein kleines Loch in der jahrhundertealten Türe aus, eine Gruppe Schreckhafter traut sich gar nicht erst in die Nähe des gruseligen Ortes – die 4. Klasse einer Grundschule, eben noch schnatternd wie eine Schar Gänse durch den Mauergang tobend, lauscht mucksmäuschenstill den Worten des Stadtführers.

Der „Malerwinkel an der Rems", das bauliche Ensemble mit dem verwunschenen Apothekergarten, der mächtigen Nikolauskirche und der verwinkelten Anlage des Capelltörleins an der Bürgermühle ist sicherlich eine der idyllischsten Ecken der Waiblinger Altstadt. An dieser Stelle thront der „Karzer" genannte Wehrturm über dem Mühlkanal als Teil der mittelalterlichen Stadtbefestigung.

Im Rahmen meiner historischen Stadtführungen wurde ich von Teilnehmern, die in den 30er und 40er Jahren in der Altstadt aufgewachsen sind, an diesem Ort des öfteren auf eine alte Geschichte angesprochen, die mir lange nicht aus dem Kopf ging. Es sei, so berichteten viele, stets eine schaurige Mutprobe gewesen, auf dem Schulweg „... einen Blick auf den Totenkopf

Das Objekt des Grauens – Generationen von Schülern wissen Schauerliches zu berichten.

im Karzer" zu werfen, die weniger Mutigen seien „emmer ganz schnell vorbeigsaud".

Dieser ominöse Totenkopf hatte sich offenbar über Generationen ins kollektive Stadtgedächtnis eingebrannt, wie die Mär vom Maikäfer mit Kreppsohlen oder die Geschichte der dicken Frau auf dem Hochwachtturm. Was genau es damit auf sich hatte, wo das Gebein herkam, geschweige denn wohin es zwischenzeitlich verschwunden war, wusste natürlich niemand mehr so genau.

Die Geschichte schien mir doch so spannend, dass ich bei der Ausgestaltung von Schulklassenführungen gerne auf einen bewährten pädagogischen Kunstgriff zurückgreifen wollte: eine Spukgeschichte passt immer und ist der Aufmerksamkeit der handy-daddelnden und plappernden Schülergruppen ungemein zuträglich. So entstand die Idee, den „Totenkopf im Karzer" aus dem Schatz der Kindheitserinnerungen zu heben und dem unbekannt

Verschollenen wieder die ihm zustehende prominente Rolle im Reigen der Waiblinger Persönlichkeiten zurückzugeben. Gesagt, getan: So ist an einem warmen Sommertag vor einigen Jahren einer Klasse der Hegnacher Burgschule urplötzlich der lange nicht mehr gesichtete Totenschädel auf dem Gesims im Waiblinger Karzergefängnis erschienen. Der Erfolg bei den Schulführungen übertraf meine kühnsten Erwartungen. Und nicht nur bei der jugendlichen Zielgruppe sorgt seitdem der Blick durch das Loch in der alten Karzertüre für Hochspannung mit Gänsehauteffekt.

Natürlich entstanden bei den Kindern sofort die kühnsten Theorien über die Herkunft des abgemagerten Gesellen. Viele Schulklassen sind seither meiner Aufforderung nachgekommen, diese Ideen zu sammeln und aufzuschreiben, wie der Schädel wohl dorthin gelangt sein könnte. Herrliche, seitenlange Geschichten zeugen von

der Kreativität der Hegnacher Nachwuchs-Schriftsteller, nachfolgend einige gekürzte, aber unzensierte Leseproben:

Gerne kämpfen immer wieder unerschrockene Ritter um die Gunst einer Waiblinger Prinzessin, so zum Beispiel bei Nicolas:

Den zweiten und dritten Kampf gewann Arthur. Er war so erfreut über seinen Sieg und sprang sofort in die Arme der Prinzessin. Damit sich keiner mehr traut gegen ihn zu kämpfen, hat er ein Andenken mit Lanzelotts Skelettenschädel in den Schießschlitz von seinem Burgzimmer gelegt.

Der Karzerturm in den 1930er Jahren

Ich weiß von meiner Mama, dass der Totenkopf ein Denkmahl an früher ist. Man hat in dem Turm die Toten für die Beerdigungen hingerichtet. Und nun ist der Totenkopf ein Denkmal an die Zeit.

Auch bei Jonathan ist die Siegprämie eines Ritterturniers die Hand der schönen Königstochter: Das wollte natürlich jeder und alle hängten sich voll rein. Der Verlierer hieß Ritter Kunibert und wurde in ein Gefängnis gesperrt bis er alt und grau war. Heute erzählt man dass es Ritter Kuniberts Kopf war, der in der Mauer an seinem Lieblingsplatz liegt.

Eine wohl feindliche Unterwanderung württembergischer Lande durch ausländische Mächte vermutet Pete, denn vor ungefähr 300 kam ein Bayrischer Baron der sich als Waiblinger Bürger ausgab und kurz darauf im Karzer, wie auch immer, das Zeitliche segnete. Janas Mutmaßungen stehen im Zusammenhang mit der nahegelegenen Bürgermühle, denn als eines Tages

„die königliche Kutsche um die Ecke bog und der hohe Herr sich unsterblich in die Müllerstochter verliebte, da wollte Papa Müller auch gegen alles Geld der Welt seine Tochter nicht hergeben, was den König, der sehr brutal und gefürchtet war

prompt dazu reizte, dem Müller den Kopf abzuschlagen und ihn in der Stadtmauer zu deponieren als, Revoluzzervolk aufgepasst, Warnung für alle, zu sehen was passiert, wenn man sich gegen den König stellt.

Sensationelle Erkenntnisse zur Bedeutung der Rems für die Schifffahrt liefert folgende, leider anonyme Theorie:
Ein Piratenschiff fuhr auf die Rems hinaus. Sie kämpften gegen andere Piraten und als alle besiegt waren freuten sie sich so, warfen alle toten Piraten in eine Höhle, alles Skelette flossen wieder aus der Höhe raus außer von einem der Kopf blieb in der Höhle.
Nicht zuletzt ist Sankt Nikolaus, Namenspatron der nahegelegenen Kirche, der Schutzheilige der Seefahrer!

Eine andere, ganz und gar geistreiche Erklärung liefert Sarah:
eines Tages kam ein böser Geist und wollte den Schädel eines vergessenen Gefangenen klauen doch da kam ein guter Geist und nahm

dem Bösen Geist den Schädel ab und stellte in aufs Fenster Brett.

Am Ende waren es vielleicht weder Piraten noch Geister, sondern eine ganz andere Spezies, so vermutet jedenfalls Semra:
Eines Tages herschte in einem Vampirschloss hinter dem Wald unter einem Baum ein Vampir. Nach ein par Tagen wollte eine Frau die Matilde his den Wald ervorschen. Sie endeckte das Vampirschloss dachte sie könnte ein par Laternen aufhengen und mit ihrer Mutter die im Rollstul sitzt einziehen. Der Vampir vand es gararnicht gut und als er das Laternenlicht in die Augen krigt löst er sich auf und es bleibt ein Skeletkopf. Als Matilde wider nach Hause kam wunderte sie sich wie der Skeletkopf auf dem Fenster kam und sie lebte in ihrem Schloss mit dem Totenkopf.

Geradezu herzzerreißend ist diese Version von Vivienne:
Im zweiten Weltkrieg wurde in Waiblingen gekämpft. Als es nur

noch wenige gab von Waiblingern sprang ein kleiner Junge hervor holte sich ein Schwert und kämpfte mit aber leider trieb in jemand von dem anderen Land in eine Saggasse und totete den Jungen, lief am Apothekergarten vorbei und musste sich verstekken. Das wahr die gelegenheit den Totenkopf in die Kammer zu tun und das tat er dann auch.

Ganz lapidar hingegen Julians Erklärung:
Dieser Mann oder Frau ist beschdimt erdurschtet oder Verhungert.

Ganz ähnlich schildert es Janina, bei ihr allerdings ist der Träger des Totenkopfes
erst ferdurstet und dann gestorben.

Lesenswert auch Lauras Geschichte vom Bauer Walter. Er grabte ein kleines Löchlein um Kartoffeln einzupflanzen. Da stoßte Bauer Walter an etwas hartem an. Er grabte tiefer und tiefer bis er eine Metallkiste voll mit viele Goldstücke findet. Alle Leute die in Not waren gingen zu Bauer Walter um par Taler zu bekommen. Nach einiger Zeit als das Geld alle war hat ihn kein Mensch besucht. Er hatte kein Geld um sich was zu kaufen und musste sterben. Nach paar Jahren ist eine alte Frau an der Steinhütte vorbeigekommen und hat den Totenkopf auf das Steinfenster gelegt und bis heute steht er noch da.

Die Waiblinger Stadtbefestigung zählt zu den am besten erhaltenen Wehranlagen in Württemberg. Der „Carzer bei der Bürgermühle" ist Teil der mittelalterlichen Stadtbefestigung und bot in kriegerischen Zeiten über dem Mühlgraben an der Südostecke des Mauerrings einen weiten Ausblick in die Talaue Richtung Beinstein. Der rechteckige, über 8 Meter hohe Wehrturm mit einer Grundfläche von ca. 4,50 x 5,50 Metern entstand in seiner heutigen Form vermutlich um 1450. Aus dieser Zeit stammen auch die drei Schießscharten im oberen Geschoss. 1482/1483 diente die ausbruchsichere Turmkammer wahrscheinlich als Arrestzelle für die vor der Pest nach Waiblingen ausquartierte Tübinger Universität, wodurch er seinen Namen „Karzer" erhielt. Ab 1600 verlor er seine wehrtechnische Funktion und verfiel. 1829 wurde das mittlerweile stark baufällig gewordene Gebäude für 15 Gulden von der Stadt an Gottlieb Christian Fäberle verkauft, der es mit behördlicher Genehmigung zuerst abreißen wollte, vier Jahre später jedoch für stolze 32 Gulden an den Apotheker Johann Marggraff weiterveräußerte. Dieser versah den Turm dann, ganz im Zeitgeschmack des Biedermeier, mit dem heute noch erhaltenen Gartenhaus.
Im Jahr 1960 wurde der Turm vom damaligen Apotheker Rolf Hengstberger der Stadt geschenkt und ist heute Teil der Grünanlage des Apothekergartens.

Kein Landwirt liegt dort, so weiß Danny zu berichten, sondern ein *Lehrer, der sehr bös war. Schon wegen des leisesten Mucksers schickte er die Kinder für mehrere Stunden in den Zwinger Kerker. Als er gerade daran war, die Öffnung zu putzen, kam der Teufel und verriegelte die Tür. Zur Abschreckung, dass keine anderen Lehrer Kinder hineinschickten, ließ der Teufel ihn bis auf den Totenkopf verrotten.*

Den ewigen Streit um eingesaute Klamotten thematisiert Melanie
Da Armin von der Heide ein Königs Sohn ist er immer schön gekleidet. Vater sagte wenn er dreckig wird muss er im Zwinger-Verlies 50 Jahre drin warten.

Wir ahnen, wie der arme Armin endete, aber Melanie schließt versöhnlich, denn
heute sind Lehrer nicht mehr so streng und die Eltern auch nicht.

Eine weitere Berufsgruppe kommt (leider anonym) ins Rennen als der
Waiblinger Dorfdrachologe
den fiesen Meuchelmörder anhand eines, mit gelbem (!) Drachenblut befleckten, Schwerts überführt und so den Tod der Gräfin rächt. Bravo!

Ganz genau auf Person und Datum legt sich Alex fest, bei dem sich
Herzog Heinrich am 9. Mai 1241 mit einem Deutsch-Polnischen Heer den Mongolen
stellt und heldenhaft im Kampf fällt.

Ebenfalls genau datiert Henrik, bei dem
An Silvester im Jahre 1169 die Waiblinger Hexen, früher Unwaiblingen genannt, ein Jubiläum feiern. An diesem Jubiläumstag musste jede Hexe einen Menschen töten. Manche der Hexen benutzten die Knochen als Dekoration.

Und wo kam er denn nun wirklich so überraschend her, der verloren geglaubte Totenschädel? Wer hatte bei dessen geheimnisvoller Wiederauferstehung nachgeholfen?
Nun, der geneigte Leser muss akzeptieren, dass nicht alle Geheimnisse der Waiblinger Stadtführer gelüftet werden. Relativ nah dran war jedenfalls Tim, wenn auch die Rolle unseres Stadtoberhaupts hier deutlich überschätzt wird:
Ich denke das war so: Vor ein par Jahren war ein Stadtführer kurz vor der Kündigung und der Bürgermeister sagte zu ihm: wenn du es bald nicht etwas spannender machst fliegst du raus. Im Traum hatte der Stadtführer die Lösung: er kaufte sich einen Totenkopf und legte ihn in die Schußscharte. Bei der nächsten Stadtführung lif alles Top und am zweiten Tag waren doppelt so viele Leute da wie zufor.

Viehmarkt – Jahrmarkt – Immobilienmarkt
Stadtentwicklung am Wasen

Von Miriam Levine

Mein Elternhaus steht in der Neustädter Straße. Wenn mich jemand fragt, ob ich schon lange in Waiblingen lebe, antworte ich meist „Ich bin Ureinwohnerin", denn hier wohne ich – abgesehen von meiner Studienzeit – seit meiner Geburt im April 1935.

Als ich ein Kind war, hatte ich, zusammen mit meinen Brüdern und einigen Nachbarskindern einen riesigen Spielbereich: die Rems, den Wasen und die Neustädter Straße. Wer kann das heute noch glauben oder sich gar vorstellen?

Das „Herzstück" war der Wasen, und von dem will ich zuerst erzählen. Doch wie von etwas erzählen, von dem selbst die meisten der heutigen Anwohner keine Vorstellung mehr haben, das es gar nicht mehr gibt, nicht einmal dem Namen nach? Es gibt keinen „Wasenparkplatz" mehr, keine Bushaltestelle „Wasen" – sie heißen jetzt „Galerieparkplatz" und „Galerie". Natürlich gab es in meiner Kindheit weder den Parkplatz noch die Bushaltestelle, denn diese „Triade" Rems – Wasen – Neustädter Straße ist in den letzten 70 Jahren mehrfach grundlegend verändert worden. Die letzte Veränderung ist noch nicht abgeschlossen. Wo vor zwei Jahren noch der von vielen großen Bäumen umgebene Sportplatz war, entsteht gerade „Die weiße Stadt am Fluss", die Rems erhält eine grandiose Fischtreppe. Doch zurück in die Vergangenheit...

Anwohner ernten Blüten

Manchmal frage ich mich, ob der große Baum am linken Ende des Parkplatzes nicht doch noch der letzte Überlebende der einst so zahlreichen Wasenbäume ist, denn der Wasen mit all seinen Bäumen begann gegenüber von Haus 26 (zwischen dem Friseur und der Gaststätte, die damals „Grüner Baum" hieß) und endete etwa 100 m westlich der Talstraßenbrücke, die es erst seit 1963 gibt. Entlang der Straße standen zahlreiche Lindenbäume, deren Blüten von den Anwohnern geerntet werden durften und die einen herrlichen Lindenblütentee ergaben. Dahinter und bis hinunter zum Sportplatz standen unzählige riesige Kastanienbäume, die im Frühling ihre weißen und rosa Kerzen entzündeten. Der Sportplatz selbst, zu dem auch ein Vereinsheim aus Holz gehörte, war von Platanen umgeben. Den Abschluss des Wasens bildete ein richtiger kleiner Lärchenwald. Für die meisten damaligen Kinderspiele war er der ideale Ort: „Fangerles", Verstecken und „Räuber und Schande (Gendarm)" waren die beliebtesten.

Viehmarkt und mehr

Im Sommer, wenn das Getreide reif war, befand sich der Dreschplatz etwa 50 m oberhalb des Sportplatzes zwischen den Kastanienbäumen. Oft standen dort die Waiblinger Bauern mit ihren Ochsenwagen in langen Schlangen und warteten, bis sie an der Reihe waren. Es gab manche Sommernacht, die erfüllt war vom Geräusch der Dreschmaschine, denn wenn die Schlange allzu lang war, wurde die ganze Nacht gedroschen.

Auch der Viehmarkt wurde auf dem Wasen abgehalten. Das war

immer ein ganz besonderer Tag, denn da war es uns streng verboten, das Haus zu verlassen: einmal (vielleicht auch öfters, aber ich erinnere mich nur an dieses Mal) war es nämlich einem Stier gelungen, sich trotz Nasenring loszureißen und die ganze Gegend unsicher zu machen. Die Aufregung war groß, bis es endlich gelungen war, ihn jenseits der Rems vor der Gärtnerei wieder einzufangen. Sportplatz und Wasen dienten jedoch auch noch einem ganz anderen Zweck. Auf dem Sportplatz fanden die Aufmärsche der NSDAP statt. Wie oft – ich weiß es nicht mehr.

Hilfszug Dr. Goebbels

Tief in meine Erinnerung haben sich jedoch die letzten Kriegsjahre eingegraben, als der Wasen nach dem Großangriff auf Stuttgart zum sicheren Versteck für den „Hilfszug Dr. Goebbels" wurde, der für die Erstversorgung der Stuttgarter verantwortlich war, vergleichbar mit dem heutigen technischen Hilfswerk. Der zuständige Offizier hatte sich bei uns einquartiert, was sich im April 1945 als großer Glücksfall für uns erwies. Mein Vater war schon seit Jahren mit seiner Abteilung von Bosch auf die Alb „verlagert" worden (sie stellten kriegswichtige Teile her). Als das Ende

des Krieges immer näher rückte, sollten Frauen und Kinder Waiblingen verlassen, damit sie bei der geplanten Verteidigung der Stadt sicherer waren. Zur gleichen Zeit verließ der „Hilfszug Dr. Goebbels" Waiblingen in Richtung Donauwörth – und wir durften bis Aalen mitfahren! Von dort ging es dann bis Dischingen weiter, wo wir den Einmarsch der Amerikaner erlebten.

Ich weiß, ich bin abgeschweift, aber ohne Wasen hätten wir die Stadt nicht verlassen können, was sich zum Glück dann aber als unnötig erwies.

Wasen damals und heute: beschauliche Ruhe (oben), Volksfest, Sportplatz (Mitte) und heute „Wohnen am Fluss" mit Fischtreppe vor der Haustür (unten)

D'Schduagerter Stroß nuff bis zum Bahnübergang

Im April 1945 war es dann soweit, die Amerikaner marschierten von Winnenden her in Waiblingen ein. Marschiert wäre zu viel gesagt, das erste was ich sah, war ein riesengroßer Panzer, der an der Kreuzung Lange Straße, Schmidener Straße und Zwerchgasse etwas verloren in der Gegend herumstand, nachdem er die Durchfahrt am Säuturm ziemlich ausgezahnt hatte, er war einfach zu groß. Irgendwer stellte den Motor ab, nach all dem Quietschen, Dröhnen und Erschüttern, plötzlich lähmende Stille, als hätte jemand die Zeit angehalten.

Und jetzt? Nach kurzer Pause übermannte mich die Neugierde, was ist los, wie geht es jetzt weiter? Die Frage beschäftigte mich: wie sieht so ein Amerikaner aus? Ich konnte mir keine Vorstellung machen. Alles, was ich über Amerikaner wusste, war, dass sie unsere Feinde sind, was immer das bedeutete. Ich öffnete unsere Haustüre und sah als erstes dieses Panzerungetüm, das mir wahrscheinlich viel größer erschien, als es in Wirklichkeit war. Ich sah, dass ein Soldat – später nannte man sie GI's, - aus dem Panzer sprang und in meine Richtung gestikulierte, ich soll doch mal näher kommen. Ich folgte seiner Aufforderung, schon aus reinem Gehorsam.

Der GI bemühte sich, Kontakt mit mir aufzunehmen, alles was ich verstand war „Stuttgart" und mir war klar, er wollte von mir wissen, wo und wie er nach Stuttgart kommt. Hilfsbereit und ohne Berührungsängste erklärte ich ihm: „Do fahret se jetzt da Kinobuckel nonder, über da Alta Postplatz, d'Schduagerter Stroß nuff bis zum Bahnübergang, no rechts ab zum Wasserturm, en Richtung Fellbach ond no emmer gradaus."
Der GI war ziemlich verdutzt und machte nicht den Anschein, als hätte er mich verstanden – wie auch – woraufhin die Besatzung des Panzers beschloss, das Gerät einfach mal stehen zu lassen, wo und wie es stand. Sie folgten mir ins Haus in der Absicht, in unserer sogenannten Ladenstube zunächst einmal zu übernachten, was sie auch taten.

Ich habe mich noch Jahre danach immer wieder gefragt, ob ich wohl Geschichte hätte schreiben können, nachdem ich Jahre später erfahren habe, dass die Amerikaner die Absicht gehabt hatten, vor den Franzosen Stuttgart zu besetzen. So wurde zumindest immer behauptet. Fatal, wenn es an mir gelegen hätte – was ich aber nicht annehme. Man macht halt so seine Gedankenspiele im Laufe der Jahre.

Sigrid Keppler

Wie Kinder ihre Stadt erobern: Ein Praxistest

Von Gise Benkert

Wasserspiele am Herbergsbrunnen mit Mathis und Ole

Wenn Erwachsene Waiblingen erkunden, speichern sie auf ihrer inneren Festplatte – je nach Befindlichkeit – zum Beispiel einen inspirierend puren oder wahlweise traurig leergeräumten Postplatz. Sie merken sich Straßennamen und Lieblingsläden, preisen oder geißeln das Marktdreieck, fallen generell dem Fachwerkidyll anheim und teilen sich vor Galerie und Kunstschule auf in verzückte Anbeter und schnöde Ignoranten. Die einen attestieren preisgekrönte Top-Architektur, andere sprechen von peinlichem Wellblechhütten-Charme.

So malen sich die Großen ihren persönlichen Stadtplan. Und gehen davon aus, dass Kinder das ganz ähnlich sehen. Ein riesiger Irrtum, wie sich herausstellte nach einem hochsommerlichen Stadtrundgang mit Lasse und Ole, mit Mathis, Elias und Marie - und mit der Waiblinger Baubürgermeisterin Birgit Priebe. Der Praxistest für eine kindgerechte Waiblinger Innenstadt.

Ganz neu ist das Thema natürlich nicht. „Wir haben schon auch Erfahrungen gesammelt bei Spaziergängen mit Kindern". Und deshalb weiß die Baubürgermeisterin, „dass sie oft ganz andere Anlaufziele haben als Erwachsene denken". Sie driften in versteckte Hinterhöfe, bespielen Garagentore, sie verschwinden im Gebüsch zum Lägerlebauen. Die Stadt hat aber auch „Mobiliar" im Angebot, das Kinder gerne zum Andocken nutzen, der Entenbrunnen ist ein Renner, die Deacon-Plastik vorm Rathaus (Volksmund: Darmverschlingung) wird so waghalsig beklettert, dass Birgit Priebe beim Zugucken manchmal ganz anders wird: „Eigentlich müsste man das offiziell verbieten, wenn da ein Kind runterfällt und sich verletzt, stehen inzwischen sofort die Eltern mit Anwalt auf der Matte". Hoffentlich harmloser ist ein Ritt auf dem steinernen Elefanten im Baumhof vorm „Sachsenheimer" und das Besetzen der Kugel im Pfarrgarten. Und als ultimativer Kick für Kids gilt der Mauergang mit – grusel, grusel – Blick in den Karzer (siehe dazu auch unsere Geschichte auf Seite 50).

Lasse findet sein Abenteuer gerade mitten auf dem Altstadt-Pflaster: Er hüpft von Stein zu Stein und mahnt Marie, die gleich mitmacht: „Nicht auf die Fugen treten!" Mathis balanciert auf den dunkleren Randstreifen, Ole steigt auf jedes Mäuerle. Nicht zum ersten Mal, wenn er mit Mama durch die Stadt läuft. Es ist zum Ritual geworden.

Marie reitet auf der Brunnenente, Ole prüft derweil das Material.

Eine echte Problemzone weil totlangweilig für alles unter zehn: Der alte Postplatz. Die Großen sitzen genüsslich vorm Capuccino open air, die Kleinen quengeln. Birgit Priebe weiß aus eigener Mutter-Erfahrung, was jetzt guttäte: „Sie sollten rübergehen können auf den lauschigen Zellerplatz", den ehemaligen, baumgesäumten, so schön verratzten Karolingerschulhof. Dürfen sie aber nicht: zu weit weg vom elterlichen Dunstkreis. Dabei waren einmal im Zuge des Grünen Rings rüber zu Fronackerstraße und Roller-Straße Spielstationen angedacht, „das erwies sich aber als total schwierig", erklärt die Baubürgermeisterin, „zu viele Autos parallel unterwegs, das ist gefährlich, eher könnte man in der Fußgängerzone mehr machen."

Oder eben doch auf dem öden Postplatz. Vermutlich würde schon ein einzelner, rumliegener Baumstamm die kindliche Phantasie beflügeln. Lasse könnte sich „irgendwas vorstellen, wo man drückt und es kommt Wasser raus". Wasser, das wär's! Sollte nicht mal der alte Mühlbach dort wieder fließen, befreit aus den Dohlen, oberirdisch quer über den Platz? Ging leider technisch nicht, erklärt die Fachfrau aus dem Rathaus, zu viele Leitungen und Kanäle unten drunter. Deshalb kann man ja auch keine Bäume pflanzen.

Andere Städte, andere Ideen: Mathis kennt eine Kugelbahn an der Wand, „wo man die Kugeln mit einer Kurbel hochzieht und

Marie erobert die Eliasson-Kunst
an der Galerie

Treppe rauf zur Querspange auf die Kinder aufpassen". Stimmt. Ursel Sauerzapf ist sich sicher: „Irgendein Wasserspiel hier wäre die Show". Aber eh jetzt wieder die ordnungsrechtlichen Warnrufe ertönen, tät's vielleicht auch „was Gemaltes zum Drüberhüpfen". „Himmel und Hölle" auf dem Postplatz! „Gute Idee", ist die Baubürgermeisterin sehr angetan. Man könnte einen Wettbewerb machen, die Kids dürfen selber ihre Muster entwerfen, man stellt einfach zwei, drei Eimer mit Malkreide hin. Und gleich noch einen müllschluckenden Drachen dazu, der pädagogisch wertvoll grummelt: „Gib mir Papier". Im Blühenden Barock haben sie so einen.

Vielleicht können die Künstler vom Bildhauer-Symposion der Kunstschule ja mal eine Schildkröte formen, auf der man reiten oder bloß ein wenig ausruhen kann – eine mit wenig Fallhöhe und kaum Schmutzpotential?

Jetzt sprudeln die Ideen über den wasserlosen Postplatz. Birgit Priebe ganz grundsätzlich: „Früher kam meine Tochter öfters verdreckt heim, heute ist das offenbar bei vielen Eltern ein Problem". Katharina Krieger-Behr, selber Erzieherin: „Bei uns

im Hort durften manche Kinder im Herbst überhaupt nicht raus in den Garten aus Angst, sie könnten sich schmutzig machen". Und nachher schickt man sie in die Kindersportschule, zum Aggressionsabbau…

Die Runde ist jetzt im „Einfach-mal-irgendwo-anfangen"-Modus. Zum Beispiel am Eingang vom Zehnthof. Vielleicht könnte man dort die umliegenden Geschäftsleute gewinnen? Die Stadt Velbert lässt grüßen. Velbert

Unser Vorschlag: mehr davon!
Diesen Elefanten kennt nicht nur Janosch, sondern wohl jedes Kind in Waiblingen.

die dann in vielen Windungen wieder runterrollen". Eine pessimistische – man kann auch sagen realistische – Birgit Priebe: „Die Kugeln sind einen Tag da…". Wie wär's mit einem steinernen Findling mittendrin, schlägt Iris Förster vor, „das macht Kinder immer an". Bedenkenträgerin Birgit Priebe: „Wenn da bloß mal ein Zweijähriges runterfällt, räumt die Stadt am nächsten Tag den Findling wieder weg, alles eine Haftungsfrage". Einwand der Mütter Katharina Krieger-Behr und Magdalena Wieland: „Wir müssen doch auch auf der großen

hat für seine Aktion „Kinder planen ihre Fußgängerzone" mal den Deutschen Spielraumpreis gewonnen. Ideen zum Beispiel: immer Hand in Hand mit dem Einzelhandel: ein Zerrspiegel vorm Modehaus, eine Riesenbrille vorm Optiker, ein Klangspiel vorm Musikladen.

Waiblingen hat mitten in der Stadt einen Zehntbrunnen und einen Herbergsbrunnen. Und das kleine Handwerkerbrünnele dazwischen. Totalbelagerung an diesem Sommersamstagmarktmorgen um elf.

Wasser, Wasser, Wasser. Sie schöpfen mit den Händen und bespritzen sich, sie klettern barfuß und behänd übers wogende

Schutzgitter und machen die Wasserhähne zu Fontänen. Jetzt sind auch die Zuschauer nass auf den Bänkle und ihre Pommes gleich mit. Es ist – die reine Wonne! Und noch steigerungsfähig: Es gibt so tolle Wasserspiele, man könnte sie am Brunnen montieren, mit Schäufele zum Befüllen und irgendwo bewegt sich dann was. Waiblingen ist doch die Stadt der Brunnen – welch ein Potential! Quietschnass und sauglücklich bleibt unser Test-Tross in seinem Element und tröpfelt sich runter an Remsgestade.

Unterwegs ein bisschen Fangerles durch die Eliasson-Skulptur, dann stehen Marie und Mathis, Ole, Lasse und Elias an Waiblingens

schönstem Abenteuerspielplatz mitten im Herzen der Stadt: Die neue Fischtreppe beim Häckerwehr toppt alles.

Eltern haften für ihre Kinder. Nur dann nicht, wenn die Stadt Geräte aufstellt. Dann ist sie selber dran. Die wilde Rems ist zum Glück kein Gerät. Sonst müsste man sie womöglich einzäunen.

oben:
Abschlussgespräch mit Gisela Benkert, Iris Förster, Katharina Krieger-Behr mit Ole, Magdalene Wieland und Birgit Priebe (von links nach rechts)

unten:
Mathis übt sich in der neuen Waiblinger Sportdisziplin: Fischtreppen-Stein-Weitwurf

Schafft die Spielplätze ab!

Von Gise Benkert

Im 21. Jahrhundert, sagen namhafte Soziologen, wird das Spielen für die Gesellschaft wichtig wie nie zuvor. Erst die Arbeit, dann das Vergnügen. Auf die Maloche als Kernkompetenz des industriellen Zeitalters folgt die Dominanz des Spielerischen, konstatiert auch der englische Essayist Pat Kane – spielerisch unser Tun, unsere Wahrnehmung, unsere Kreativität. Das hat Auswirkungen auf die Stadtplanung.

„Das Kind in der bespielbaren Stadt" war unlängst Thema eines Symposiums im MoMa, dem „Museum of Modern Art" in New York. Einer der Referenten: Der weltweit gefragte Landschaftsarchitekt Adriaan Geuze. Er nennt zum Beispiel all diese Piratenschiffe, die da landauf, landab auf Spielplätzen dümpeln – auch Waiblingen hat eins in der Talaue – „das Schlimmste vom Schlimmen". Es gibt, sagt er, keinen zeitgenössischen Spielplatz. Das zeitgenössischste wäre: Schafft alle Spielplätze ab!

Die Erfindung des Kinderspielplatzes ist nur halb so lang her wie die Erfindung des Blitzableiters oder des künstlichen Gebisses. Denn ehe es Kinderspielplätze gegeben hat, musste zunächst etwas ganz anderes erfunden werden: die Kindheit. Erst im 17. Jahrhundert entstand die soziale Kategorie des Kindes in Abgrenzung zum Erwachsenen.

Mit dem Spielplatz wurde den Kindern später zwar Terrain gegeben, aber auch etwas genommen: Das Recht auf Spiel im öffentlichen Raum. 1979 befand eine Studie: „Auch der schönste Spielplatz bleibt ein Ghetto. Unsere Gesellschaft besitzt eine betrübliche Meisterschaft im Ausgrenzen". Alte ins Altersheim, Kinder auf den Spielplatz. Beide Gruppen sind „nicht produktiv", man darf sie, so die Studie knallhart, „nicht ständig vor Augen haben – weil sonst die eigene Leistungsideologie brüchig wird".

Wenig später wurde der Leitgedanke der „bespielbaren Stadt" geboren. Denn eigentlich brauchen ja Kinder keine Spielplätze – die Erwachsenen brauchen sie! In Rotterdam hat Adriaan Geuze Straßenlaternen aufgestellt, die sich wie Spielkräne schwenken lassen. Vor New York plant er einen Wald, in dem überall Hängematten schaukeln. Und eine Brücke in Utrecht haben sie nur so steil gebaut, damit sie im Winter einen guten Schlittenhang abgibt.

Mit der spielerischen Gesellschaft wird die Ausgrenzung des Kindes rückgängig gemacht. Die spielerische Gesellschaft ist ein neuer Blick auf die Stadt. Der öffentliche Raum wird quasi privatisiert. Und dabei im besten Sinne vergesellschaftet.

Waiblingen hat das Potential – unser Kinderspaziergang war erst der Anfang! Man darf gespannt sein, ob und wie die entstandenen Ideen in nächster Zeit umgesetzt werden.

So oder so kann man spielen: Die „Titanic" auf der Erleninsel konkurriert mit Murmelspiel und „Himmel und Hölle".

„Neues entsteht nicht durch den Intellekt, sondern durch den Spielinstinkt, der aus innerer Notwendigkeit agiert.
Der kreative Geist spielt mit den Objekten, die er liebt."
Carl Gustav Jung, Schweizer Psychologe, 1875 - 1961

Büttel, Buchdruck, Bits@Bytes
Ein spannendes Berufsleben

Von Armin Bauer

Als ich vor 60 Jahren meinen beruflichen Weg mit einer Lehre als „Schriftsetzer" begann, konnte ich nicht ahnen, dass sich innerhalb meines Arbeitslebens die Informationstechniken und damit auch die ganze Informationsgesellschaft so gewaltig und radikal entwickeln und verändern sollten...

In meiner Kindheit zog noch der „Büttel" durch Waiblingen und informierte stimmgewaltig die Bürger über die neuesten Nachrichten. Der „Büttel" stand in Diensten der Stadt, deshalb hatte er auch eine einfache Uniform an. Für uns Kinder war er eine Respektsperson. In der einen Hand hatte er eine große Glocke und in der anderen sein „Manuskript". Der „Büttel" stellte sich an den markanten Stellen in der Stadt auf, bimmelte mit seiner Glocke bis die Leute ihre Fenster geöffnet hatten, und las dann mit lauter Stimme die wichtigen Bekanntmachungen von seinem Zettel ab. Dann zog er weiter zum nächsten Standort in der Stadt und wiederholte dort seinen Informationsdienst.

Nur wenige Familien konnten sich damals den „Remstalboten" – das Waiblinger Zeitungs-Blättle – leisten, und das Radio, der „Volksempfänger", gehörte erst viel später zum Standard einer modernen Wohnungseinrichtung. Wer einen Radioempfänger hatte, der ließ ihn dann auch meistens ausgeschaltet, denn man musste ja Strom sparen... und Zeit und Muße zum Musikhören hatten damals die wenigsten Leute. Ich könnte mir aber auch gut vorstellen, dass in dieser Zeit und im pietistischen Württemberg das Radio noch als „Teufelszeug" galt. An den Fernseher, den Computer oder das Internet dachte damals bestimmt noch niemand.

Weshalb ich zunächst den ehrenwerten Beruf des Schriftsetzers erlernte, kann ich heute nicht mehr genau sagen. Um 1950 jedenfalls gab es in Waiblingen noch viele

Schriftsetzerlehrling Armin Bauer, Foto: privat

– meist kleine – Buchdruckereien. Trotzdem war es für meine Eltern sehr schwer, für „den Bub" eine Lehrstelle als Schriftsetzer zu bekommen.

Ich erinnere mich an die Druckereien Karl Leyh, an Eisele-Täuber, die Firma Wilke in der Staufenstraße, an die Druckerei Späth in der unteren Ludwigsburger Straße, die eigentlich schon ein größerer Betrieb war. Die alten Waiblinger erinnern sich sicher noch an den „Krach" und den Rhythmus der Druckpressen.

Dann gab's damals natürlich schon den „Remstalboten" in der Grabenstraße, direkt beim Hochwachtturm, die Druckerei Schäfer in der unteren Weingärtner Vorstadt, es gab eine Druckerei Seybold… und die besondere Druckerei Stürner in der oberen Bahnhofstraße – schräg gegenüber dem damaligen Gesundheitsamt. Die Firma Stürner war für mich deshalb etwas ganz besonderes, weil dort auch Musiknoten gesetzt und gedruckt wurden, eine wirkliche Kunst. Auf vielen alten Notenblättern kann man heute noch lesen: „gesetzt und gedruckt bei der Druckerei Stürner in Waiblingen". Auf diese Weise hat

die Druckerei Stürner den Namen unserer Stadt Waiblingen schon damals überall bekannt gemacht.

In der Schorndorfer Straße 39 in Waiblingen gab's zu dieser Zeit noch eine weitere kleine Buchdruckerei, die Firma „Möckel-Leyh" – und dort bekamen meine Eltern eine Lehrstelle für mich. Meine Schriftsetzer-Ausbildung dauerte drei Jahre – im Betrieb und auch in der Berufsschule im Stuttgarter Westen. Für den Berufsschulbesuch musste mir mein Meister laut Lehrvertrag immer extra das Fahrgeld bezahlen – eine Mark. Um diese eine Mark zu sparen, bin ich dann meistens

Das Gebäude des Remstalboten, des Vorgängers der Waiblinger Kreiszeitung am Stadtgraben

mit dem Fahrrad nach Stuttgart gefahren – hin und wieder zurück. Ja, so sparsam war man zu dieser Zeit noch.

Wenn ich heute über die Arbeit der Schriftsetzer und Buchdrucker nachdenke und auch über ihre Werkzeuge und Maschinen, mit denen ich selbst noch gearbeitet habe, dann meine ich, ich rede von den Arbeitsverhältnissen des Mittelalters. Dabei sind es gerade einmal 25 Jahre her, dass der Computer diese alten Techniken und Arbeitsmethoden endgültig abgelöst hat.

Eine Berufsausbildung in einem Kleinbetrieb hatte Vor- und auch Nachteile. Ein Nachteil war, dass man z.B. für die Chefin auch einkaufen musste oder für sie andere Dinge im Haushalt erledigte – und dies meistens nach der regulären Arbeitszeit, und die betrug damals noch 48 Stunden.. Ein Widerspruch war zwecklos, denn man hatte ja für seine Lehrstelle dankbar zu sein. Aber gebruddelt hat man dann schon – meistens aber nur vor sich hin und so, dass es niemand gehört hat.

Nach meiner Gehilfenprüfung als Schriftsetzer machte ich dann noch eine zweite Lehre – eine kaufmännische Ausbildung

– bei einer „früheren königlichen Hofbuchdruckerei" in Stuttgart. Dort wurden damals in den Jahren 1956-1961 noch 45 Schriftsetzer beschäftigt. Das bedeutete, dass der Bleisatz und der Buchdruck immer noch in der Druckbranche dominierten. Der Satz-Computer und der Digitaldruck waren zu dieser Zeit noch nicht einmal eine Vision. Man konnte sich die spätere Entwicklung in der Druckbranche einfach noch nicht vorstellen. Die Schriftsetzer, Buchdrucker und Lithografen… waren zu dieser Zeil immer noch stolz auf ihre anspruchsvollen traditionellen Berufe.

Mit meinem ehemaligen Chef, dessen Firma später eine große Unternehmensgruppe mit über 1.000 Mitarbeiter wurde, hatte ich im Jahre 1994 nochmals eine ganz besondere Begegnung. Er rief mich an und sagte mir, dass er mich unbedingt besuchen müsse – er sei jetzt 78 Jahre alt und eigentlich noch sehr gesund, aber er wollte jetzt schon seine Traueranzeige mit mir machen, die private und auch die geschäftliche. Ich hatte so eine Situation bisher noch nie erlebt, aber ich habe ihn verstanden. Als

Druckereibesitzer und als Ästhet war es ihm nämlich wichtig, dass seine persönliche Traueranzeige einmal typografisch richtig und sauber gedruckt wird. Ja – so waren sie halt früher, die Setzer- und die Drucker-Leut' und insbesondere die Prinzipale der ehemals so angesehenen Druckerzunft. Ihre vielen beruflichen Tugenden wie Ordnung, Korrektheit, Disziplin, Zuverlässigkeit…konnten sie nie ablegen, offensichtlich auch nicht über ihren Tod hinaus. Wir haben fast ein Jahr lang immer wieder an dieser Drucksache herumgefeilt, bis ich dann die telefonische Nachricht erhielt: „so – jetzt gefällt mir alles und bitte machen Sie mir jetzt zwei Druckvorlagen davon". Leider sind diese Anzeigen schon kurze Zeit später und genauso wie wir sie zusammen gestaltet und gesetzt hatten, in der Stuttgarter Zeitung erschienen…

Ein Jahr lang wurde an der Traueranzeige gefeilt

Am 15. März 1962 – mit 25 Jahren – begann ich dann eine weitere berufliche Ausbildung: ein Studium an der Fachhochschule Druck in Stuttgart, drei Jahre, also sechs Semester. Ich erinnere mich an eine Vorlesung, bei der uns etwa um 1964 ein Ingenieur der Firma IBM etwas über den Computer erzählte, aber dies waren keine

Informationen aus der Praxis sondern Berichte aus einer betrieblichen Forschungs-Abteilung.

Maschinensatz: Unvorstellbar, dass die „Stuttgarter Zeitung" noch bis zum Jahre 1980 auf solchen Maschinen gesetzt wurde.

Ab Ende der 60er Jahre wurden dann tatsächlich die ersten Satz-Computer in der Druckbranche eingesetzt. Mir wurde damals klar, dass es die Druckbranche in der bisherigen Weise zukünftig nicht mehr geben kann. Ich war mir sicher, dass es einmal Betriebe geben wird, die entweder nur setzten oder andere, die nur druckten. Mit diesen Vorstellungen wagte ich dann im Jahre 1965 die Selbständigkeit, ich gründete einen sogenannten „Druckvorstufenbetrieb".

Im Jahre 1968 hatte ich bereits den ersten Satzcomputer. Die

Die Zeilen-Setzmaschine erfand
der Schwabe Ottmar Mergenthaler.

ersten Computer waren „große Kisten", sie waren sehr teuer in der Anschaffung und ihre Rechner waren aus heutiger Sicht „dumm" und leistungsschwach. Außerdem bestanden diese „Computer" auch noch aus vielfältiger und komplizierter Mechanik – sie waren deshalb sehr, sehr störanfällig. Teuer waren diese „Diatronics" natürlich auch – Stückpreis etwa 120.000 DM. Eine Schriftscheibe kostete 900 DM und davon hatten wir 700 Stück. Ich sage dies nur deshalb, weil all diese teuren Investitionen schon nach wenigen Jahren wertlos waren, denn

inzwischen gab es schon wieder andere und bessere Computer.

Einen weiteren Satz-Computer aus dem bekannten Hause „Linotype", die „Linofilm Europa", kauften wir im Jahre 1970, Kostenpunkt ca. 150.000 DM. 1975 war ich bei einem Besuch in München auch im „Deutschen Museum" – und dort entdeckte ich in einer technischen Abteilung eine „Linofilm Europa". Mich hat es damals fast umgehauen, als ich die moderne „Linofilm Europa" bereits im Museum stehen sah.

Ich weiß nicht, ob ich heute sagen muss, ich hätte die ganze Entwicklung der Computer-Technologie mitmachen müssen – oder ob ich vielmehr sagen muss, ich habe diese überwältigenden Entwicklungen mitmachen dürfen? In dieser Hinsicht war meine berufliche Zeit in der Druck- bzw. Medienbranche schon etwas ganz Besonderes.

Allein die Entwicklung der Speichermedien bis heute ist eigentlich unvorstellbar. Unser erster Satzcomputer hatte im Jahre 1968 ein Speichervolumen von 1.900 Byte. Das war damals schon etwas, denn zuvor hatten

Die Satz-Computer stehen im Museum

unsere Filmsetzmaschinen gar keinen Speicher. 1.900 Byte Speicherkapazität bei einer Fotosetzmaschine, die vor gut 40 Jahren einmal 120.000 DM kostete – und im Gegensatz dazu der Speicherchip (in der Größe einer Briefmarke) in meinem heutigen digitalen Fotoapparat, von sage und schreibe 16 Gigabyte Speicherplatz – das sind einfach unvorstellbare Entwicklungen. Für diesen kleinen 16-Gigabyte-Speicherchip habe ich übrigens im Jahr 2011 gerade einmal 40 Euro bezahlt.

Die technischen Entwicklungen in der Computertechnologie und damit auch in der Druckvorstufe und in der Druckbranche gingen natürlich weiter. Man kann's heute fast nicht glauben, aber erst seit dem Jahre 1981 hatten die Computer einen Bildschirm mit einer sog. „grafischen Benutzeroberfläche". Jetzt erst konnte man auf einem Bildschirm sehen, was man zuvor „produziert" hatte und was man erhielt. „WYSIWYG" ("What You See Is What You Get") war dafür das neue Schlagwort – propagiert von dem großen Computer-Visionär und Apple-Chef Steve Jobs.

Heute arbeiten sehr viele Druckereien nur noch digital, das bedeutet, Satz- und Bilddaten werden direkt auf die Druckplatten kopiert („Computer To Plate"). Vielleicht wissen dies viele Waiblinger gar nicht: in unserem Industriegebiet „Eisental" gibt es heute eine der modernsten und größten Digitaldruckereien von Deutschland und Europa. Dort werden täglich und rund um die Uhr tausende von Fotobüchern etc. digital gedruckt – und das wirklich in Fotoqualität. Diese Waiblinger Digitaldruckerei hat noch eine andere Besonderheit:

Sie ist weitgehend eine „virtuelle" Firma. Die Auftragsannahme, die Auftragsbestätigung, die Auftragsbearbeitung, die Lieferscheine, das Drucken, die Auftragsabrechnung und die Verbuchung der Zahlungen – alle diese Arbeiten werden durch entsprechend programmierte Computer und über einen immens leistungsstarken Rechner ausgeführt und nur noch online abgewickelt. Man muss es einfach sagen: da würde unsere gute alte Druckerzunft nicht mehr mitkommen – weder hinsichtlich der Qualität noch der Preise.

Meine persönliche Beziehung zur Druckbranche habe ich weitgehend abgebrochen. Auf meinem kleinen Schreibtisch steht heute ein technisches Equipment, das noch vor dreißig Jahren einen kleinen aber leistungsfähigen Druckereibetrieb ausgemacht hätte: ein Computer und ein Rechner - ein Drucker, ein Scanner, ein Farbkopierer und ein Faxgerät (die letzten vier genannten sind in einem kleinen Universalgerät zusammengefasst). Und deshalb kann ich heute zuhause wieder mein eigener Setzer und Drucker sein. Ich lese seit einem Jahr viele Bücher und eine bekannte Wochenzeitung regelmäßig auf meinem E-Book-Reader, meinem „Kindle" – einem elektronischen Buch. Innerhalb einer Minute habe ich meinen digitalen Buchwunsch ausgesucht, bestellt – und innerhalb dieser Zeit erhalte ich dann auch noch die digitalen Daten des bestellten Buches auf mein E-Book geschickt. Übrigens auch nachts um drei – also rund um die Uhr.

Es ist nicht ausgeschlossen, dass ich schon recht bald auch meine örtliche Tageszeitung nicht mehr in der gedruckten Ausführung lesen werde. Ich werde sie dann online empfangen und auf meinem „Tablet-PC" oder meinem „E-Book" oder dem „IPhone" auch lesen. Dies ist wirklich keine Vision, denn auch unsere Waiblinger Lokalzeitung bietet heute schon eine „Online-Ausgabe" an.

Der „Heidelberger-Druck-Tiegel" wurde damals noch am Fließband gefertigt und er stand in jeder Druckerei. Er war der „Volkswagen" unter den Buchdruckmaschinen.

Hilfe, ich bin offline!
Ein Selbstversuch mit freiwilligem Verzicht auf Internet & Co.

Von Annika Förster

Tag 0,5 :

Eigentlich dürfte dieser Tag heute nicht zählen, schließlich habe ich doch heute Morgen noch Mails und Facebook gecheckt und der Versuchung widerstanden, allen Menschen bekanntzugeben, dass ich während meines Urlaubs eine Woche lang nicht erreichbar bin. Trotzdem habe ich jetzt das komische Bedürfnis zu kommunizieren – und zwar nicht direkt, denn dazu hätte ich hier ja Gelegenheit. Ich sehne mich ein wenig nach der Dauerverfügbarkeit des Netzes und nach der Ultimativität von Facebook. Erst ein halber Tag und ich habe schon das Gefühl, etwas zu vergessen. Mal sehen, wie das weiter geht.

Tag 1:

Ich weiß nicht mehr genau, was ich heute Nacht geträumt habe, es endete auf jeden Fall darin, dass ich meine Mails checkte – obwohl ich im Traum sogar wusste, dass ich das eine Woche lang nicht tun wollte. Das Ganze scheint mir doch mehr bevorzustehen als geahnt.

Habe die große Versuchung „Blogging-Workshop" erfolgreich überstanden. Ebenso einige Pausen, in denen ich doch das Gefühl hatte, dass ich jetzt auch Mails lesen könnte. Außerdem den Moment, in dem mir aufgefallen ist, dass am Montag jemand auf meine Mailantwort warten wird und in einer Woche wohl ziemlich sauer sein

wird. Aber was soll's – das gehört wohl dazu und wird auch erst in einer Woche tatsächlich zum Problem.

Was ich tatsächlich vermisse, ist das Esperanto. Auf Facebook bzw. anderen Seiten dauerverfügbar, hier grauenvoll unterrepräsentiert.

Dazu kommt, dass ich nicht weiß, ob der Stoff der letzten Stunde in der Chemieklausur drankommt. Und da die letzten 50 Cent Handyguthaben Notfallreserve bleiben sollen, werde ich das wohl auch nicht herausfinden. Egal, ich habe genug andere Dinge zum Lernen dabei. Ich bin gespannt, wie sich mein Entzug entwickelt, wenn ich kein so langes inhaltliches Programm und vor allem andere Menschen um mich habe.

Tag 2:

Im Zug saßen viele Menschen mit Smartphones und zwischendurch hätte ich auch gerne eins gehabt, um über die deutsche Bahn zu twittern. Hätte ich einen Laptop und Internet gehabt, hätte ich eine Zusammenfassung vom gestrigen Workshop schreiben können, so wird es vermutlich erstmal nichts, weil die Motivation immer schnell verfliegt. Stattdessen habe ich also Musik gehört und die Videoplattformen vermisst, mit denen ich Lieder höre, die ich nicht auf dem MP3-Player habe.

Jetzt gerade würde ich gerne einigen Menschen vom Wochenende erzählen und davon, wie es ist, wieder hier zu sein – aber das Handy ist dafür nicht das richtige Medium. So sitze ich also da und schreibe analog auf, was mir durch den Kopf geht.

Tag 3:

Heute fehlen mir definitiv Nachrichten. Es könnte wer-weiß-was passiert sein, ohne dass ich es mitbekommen habe. Eine Tageszeitung gibt es hier natürlich nicht, geschweige denn eine überregionale. Außerdem mal wieder Kommunikation – und zwar ohne vorher überlegen zu müssen, ob die Nachricht jetzt wichtig genug ist um eine von den acht zu sein, für die das Geld noch reicht.

Tag 4:

Eigentlich brauche ich das Internet gar nicht, wenn ich den ganzen Tag beschäftigt bin und nicht das Bedürfnis habe, mich per Mail jemandem mitzuteilen. Beim Mittagessen hatten wir eine interessante Diskussion übers Internet und „die Jugend von heute". Ergebnis für mich war, dass sich Art und Weise von und Anforderungen an Kommunikation geändert haben. Es gibt heute eine unverbindliche Art von Kommunizieren, ich glaube, der durchschnittliche Mensch kennt mehr Menschen, die dafür nicht so gut. Ist ja die Frage, ob das so schlecht ist.

Und was ist mit Menschen, die nur noch virtuell kommunizieren und so gar keine sozialen Fähigkeiten mehr haben? Es stellt sich die Frage, was diese Menschen ohne Internet wären. Hätten sie Kommunikation gelernt, wenn es kein Internet gäbe? Oder hätten sie dann keinerlei Möglichkeiten sich auszutauschen und vielleicht aus sich herauszukommen? Ist das Internet also Auslöser, Hilfestellung oder beides zugleich?

Tag 5:

Hätte ich Internet, könnte ich jetzt „Roboter Nr. 5 lebt" gucken, was mir gerade empfohlen wurde. Ich könnte auch den Menschen, die mich angerufen haben und die ich mangels Handyguthaben nicht zurückrufen kann, eine Mail schreiben um zu erfahren, was es gibt. So kann ich am Strand sitzen, ein Buch über Bootsbau lesen – und die Welt da draußen sich ganz ohne mich drehen lassen.

Tag 6 und 7:

Mittlerweile bin ich glücklich in meiner Parallelwelt. Aber das bleibt sie trotz allem. Eine Welt, aus der ich morgen Abend wieder zurückkatapultiert werde in den Alltag, die Welt mit Internet. Es war schön, einmal nicht erreichbar zu sein. Praxistauglich für Nicht-Urlaubszeiten ist das aber nicht! Für mich überwiegt beim Internet klar der Nutzen und wenn es mir zu viel wird, kann ich immer noch Auszeiten wie diese nehmen.

Der Handwerkerbuckel

Von Sigrid Keppler

Im Volksmund hieß er „Handwerkerbuckel", jener leichte Anstieg in der Schmidener Straße, von Nummer 2 bis zum Gasthaus Ochsen. Der Name war nicht unbegründet, in jedem Haus wohnte und arbeitete ein Handwerker, wie es damals oft so üblich war.

Da gab es den Sattler Pfleiderer, der auf einem Art Pferd sitzend sich mit der Reparatur von Pferdegeschirr abmühte, hie und da ein altes Sofa aufpolsterte und sich um all die andern Reparaturen kümmerte, die im Sattlerhandwerk anfallen.

Im selben Haus waren Laden und Backstube meines Großvaters, Konditormeister Meister. Er legte großen Wert darauf, Patissier genannt zu werden, hatte er doch sein Handwerk in der Schweiz und im Elsass erlernt, was ihn offensichtlich unter seinesgleichen auszeichnete. Er war, im wahrsten Sinne, Meister der Marzipankreationen, formte Rosen, Nelken und Blätter aus gefärbtem Marzipan, die in der damaligen Zeit die festlichen Tafeln zu Hochzeiten und Taufen verschönerten. Zu

seinen Spezialitäten zählten auch Karamell- und rote Zuckerhasen, die zu Ostern verschenkt wurden. Beliebt waren seine pappsüßen Cremhütle und auch

und Farben haben mich in meiner frühen Kindheit umgeben, bis mein Großvater 1939 allzu früh verstarb.

Blick vom Stadtgraben in die Schmidener Straße

Schnapsbohnen, womit er auch die Konditorei Schapmann in Stuttgart – einst eine Institution auf der Königstrasse – belieferte. Es gibt diesen Schapmann schon lange nicht mehr, wahrschein musste er einer „Coffee-to-go-Filiale" weichen, ich weiß es nicht. Süßes in allen Formen

Von Flaschner Leyh, der auf der anderen Straßenseite seinen Beruf ausübte, war wenig zu sehen, er hatte seine Werkstätte im rückwärtigen Teil des Hauses, in Richtung Hochwachtturm. Ab und zu hörte man Geräusche, klirrend und hell, wenn Blech auf Blech fiel oder bearbeitet wurde.

Uhrmacher Bareiss, genannt „der Goldonkel", war bei den Mädchen der Straße äußerst beliebt. Von Zeit zu Zeit konnten wir uns aus einer Pappschachtel ein Ringle aussuchen, das er uns großzügig schenkte. Wir durften wählen zwischen Ringen mit kleinen grünen Kleeblättern oder flammend roten Herzen, waren selig und fühlten uns reich beschenkt.

Im nächsten Haus waren Laden, Werkstatt und Wohnung von Buchbinder Schäfer untergebracht. Ihn bekam man selten zu sehen. Er werkelte den ganzen Tag, mühte sich ab mit ramponierten Büchern und zerschlissenen Einbänden, wählte mit Bedacht aus den verschiedensten Papiersorten die ihm geeignet erschienen, fertigte Keil- und Bilderrahmen um einem Ölgemälde oder liebgewonnenen Kunstdruck ein neues Gesicht zu geben. Ich glaube, er mochte seine Arbeit.

An Buchbinder Schäfer reihten sich Haus und Werkstatt von Besenbinder Seidel. Von ihm ist wenig zu erzählen. Tag für Tag saß er am offenen Fenster in der winzig kleinen Werkstatt neben seinem kleinen Laden, schnitt und stutzte die Binsen zurecht, band sie mal zu Besen, mal zu Bürsten. Ab und zu hob er den Blick, doch der ging stets ins Leere. Ich kann mich nicht erinnern, dass er je ein Wort mit uns Kindern gesprochen hat, er war einfach da.

Buchbinder und Besenbinder

Angrenzend die Werkstatt von Schreiner Koch, für uns Kinder schon weitaus interessanter. Er war es, der im Auftrag unserer Eltern Stelzen aus Holz fertigte, das immer wiederkehrende Geschenk zu Ostern, in der Regel waren sie nach einem Jahr völlig abgelaufen und man bekam neue. Zuckerzeug von Konditor Meister, neue Stelzen, mal einen „Denzer", einen Kreisel von Spielwaren Bubeck am Marktplatz, mehr gab es zu Ostern nicht.

Dreh- und Angelpunkt dieser kleinen Welt aber war die Ölmühle der Familie Rühle, eine Besonderheit

Linkes Bild: Blick von oben den Handwerkerbuckel runter – rechts Gasthaus Ochsen, links das Lebensmittelgeschäft von Frl. Klingler, dann Böhringer, Klingler und zurückgesetzt und nicht erkennbar die Ölmühle

rechtes Bild: Zigaretten-Bahlinger (heute abgerissen), Schreiner Koch, Besenbinder Seidel, Buchbinderei Schäfer, Uhrmacher Bareiss, Flaschner Leyh

inmitten der Altstadt, auch für uns Kinder. Berge von ausgepressten runden Mohnplatten stapelten sich vor der Mühle. Von Zeit zu Zeit wurden sie abgeholt und an Schweine verfüttert. Diese ausgepressten Platten erweckten unsere Neugierde, insbesondere da wir von den Eltern immer wieder ermahnt wurden, nicht an diesen Platten zu knappern, man sagte uns, wenn man sie isst, wird man blind. Ein Ammenmärchen, das uns umso mehr beschäftigte.

Wer die Ölmühle betrat, kam zunächst in einen Vorraum, ausgestattet mit langen, einfachen Holzbänken. Sie dienten als Sitzgelegenheit für die Kundschaft, die ihren angebauten Mohn zum Schlagen brachte, um nach einiger Wartezeit die mit frisch gepresstem Öl gefüllten Flaschen gleich wieder mitzunehmen, oder aber auf eine Gelegenheit warteten, als Mitfahrer irgendwie wieder nach Hause zu kommen, sei's mit Traktor oder einem Fuhrwerk.

An schönen Sommerabenden wurden besagte Holzbänke auf einen kleinen Platz vor die Ölmühle gebracht und dienten der Nachbarschaft als Sitzgelegenheit,

den Tag gemeinsam ausklingen zu lassen. Die Männer tranken kellerfrischen Most aus großen blau-grauen Krügen, die Frauen stopften Strümpfe, strickten, putzten Gemüse, oder beschäftigten sich mit sonst einer Arbeit, nichts war verpönt.

Ab und zu kam ein Passant an diesem Stück Schmidener Straße vorbei und verweilte einige Augenblicke. Man sprach über dies und das, doch am häufigsten war es die immer wiederkehrende Frage: so, henner Feierobend. Man bejahte, machte noch ein paar Bemerkungen, nicht selten über den Passanten selbst, sobald er außer Hörweite war.

Und heute? Jetzt beheimatet die Ölmühle eine sogenannte „Traditionelle Thai-Massage" deren Besitzerin von Zeit zu Zeit aus der ehemaligen Ölmühle wieder eine Sitzgelegenheit auf den Vorplatz schiebt, heute jedoch dient der kleine Hocker einem fernöstlichen Ritual. Räucherstäbchen, Reis, Früchte und allerlei andere Köstlichkeiten werden sorgfältig von meiner thailändischen Nachbarin mit dem für mich unaussprechlichen

Namen Suphaporn, ausgebreitet. Sie kniet nieder, faltet die Hände und lächelt mir zu, gibt mir zu verstehen, dass sie mich in ihr Zwiegespräch mit ihrem Gott Buddha einschließen wird, den sie von Zeit zu Zeit um Wohlergehen für sich und all die andern bittet.

Was hat sich im Laufe der Jahre in der Schmidener Straße nicht alles verändert. Einstmals von Nummer 2 bis zum Gasthaus Ochsen den Handwerkern und deren Familien vorbehalten, heute ein buntes Gemisch von Nationalitäten mit einer, wenn auch anders gearteten, nachbarschaftlichen Verbundenheit.

Most trinken, Gemüse putzen und Strümpfe stopfen

Sigrid Keppler wohnte schon als Kind in der Schmidener Straße. Aufgenommen wurde dieses Bild in einem Vorgärtle vor der späteren Kleinen Galerie (zwischenzeitlich ein Friseurgeschäft), dort, wo jetzt die Nuss-Figur steht.

Ein feuriger Gemeinderat

Innenansichten von Friedrich Kuhnle, Martin Kurz und Dr. Hans-Ingo von Pollern

Waiblingen hatte mit Dr. Ulrich Gauß im Februar 1970 einen Oberbürgermeister bekommen, dessen Wirken in den folgenden 24 Jahren aus einer eher verschlafenen 24.000-Einwohner-Stadt eine moderne große Kreisstadt mit doppelter Einwohnerzahl geschaffen hatte.

Im Zuge der Gemeindegebietsreform Anfang der 70er Jahre gelang es, den Beinsteiner Schultes Hans Wössner nach Waiblingen zu locken und mit ihm als 1. Beigeordneten danach den ganzen „Flecken" – trotz heftigstem Widerstand – zum Dezember 1971 „freiwillig einzugemeinden".

Bittenfeld, Hegnach, Hohenacker und das durch die Firma Stihl reiche Neustadt folgten drei Jahre später nach langem Tauziehen mit einer Fusionsprämie von je 300.000 DM, zwar ohne Investitionszusagen aber mit großen gemeindeverfassungsmäßigen Zugeständnissen. Jede Ortschaft bekam einen hauptamtlichen Ortsvorsteher und einen Ortschaftsrat. Die „Unechte

Teilortswahl" sicherte eine zahlenmäßig garantierte Vertretung der jeweiligen Ortschaft im Gemeinderat ab.

Dr. Gauß versuchte mit Erfolg, die Ängste der Ortschaften einzudämmen, man käme gegen eine so dominante Kernstadt unter die Räder. So wurden nicht nur in der Kernstadt Baugebiete entwickelt und die überfällige Sanierung der Altstadt in Angriff genommen, sondern auch draußen Wohngebiete geplant, Sporthallen und Sportplätze gebaut und Ortskernsanierungen begonnen.

Überhaupt, wie sah es denn in Waiblingen aus, als 1970 die erste Amtszeit von Oberbürgermeister Dr. Gauß begann?

Durch die Altstadt quälte sich der Verkehr, Marktplatz und Rathausplatz dienten als Parkplätze. Auf der Erleninsel weideten Kühe, daneben staute sich der Verkehr auf der B 14, besonders an der Schäferkreuzung. Es gab kein Hallenbad, auch keine für

Handball und Basketball geeignete Sporthalle.

Für die Lösung dieser und vieler andere Probleme wurden in der ersten Amtszeit von Dr. Gauß die Weichen gestellt. Anfang der 70er Jahre entstanden die Rundsporthalle und das Hallenbad, 1975 das Marktdreieck; entworfen vom damaligen Stararchitekt Beck-Erlang als besonderer Blickfang für die damals unansehnliche Altstadt – aus heutiger Sicht nicht unumstritten. Nicht zu vergessen die vielen Schulbauten und Sporthallen.

In diese Zeit fiel auch die Verbesserung der Beziehungen zu den Nachbarkommunen. Der Nachbarschaftsverband mit Stuttgart wurde gegründet, ebenso die Kunstschule und die Musikschule Unteres Remstal. Auch die Volkshochschule wurde so gestärkt.

Dr. Gauß war sehr daran gelegen, dass die interkommunale Zusammenarbeit klappte, was auch zu noblen Zugeständnissen

Rathausplatz um 1900, 1958 und 2012

gegenüber der einen oder anderen Nachbarstadt führte, die später leider nicht immer erwidert wurden.

Innerstädtisch musste unser Stadtoberhaupt mit dem Gemeinderat zusammen Manches aushalten. So gab es eine starke Gruppe des KBW (Kommunistischer Bund Westdeutschlands) in Waiblingen und es bildeten sich unter dessen Einfluss die „So-nicht-Sanierer", die mit ihren teils abstrusen Aktionen die Stärkung der Altstadt verhindern wollten. So wurde einmal eine Ziege in den Sitzungssaal geschleift oder man versuchte, dem Gemeinderat durch Blockade den Zugang zum Ratssaal zu verwehren. Ein besonnener OB bewies langen Atem und lies die Außerparlamentarische Opposition mit der Zeit ins Leere laufen.

Was wäre heute aus unserer Altstadt geworden, wenn diese Querköpfe die Oberhand bekommen hätten? Wo gibt es eine Altstadt, die direkt durch einen Aufzug mit einem komfortablen, stützenfreien Parkhaus erschlossen ist? In wenigen Minuten kann man seine Einkäufe erledigen oder aber in der Fußgängerzone flanieren.

Der frühere Vorsitzende der DFB-Fraktion, Hermann Enssle, war ein knitzer und humorvoller Zeitgenosse, der mit „Salz und Pfeffer" immer wieder die Waiblinger Kommunalpolitik satirisch aufs Korn nahm. So heckte er folgenden Spaß aus: Unmittelbar vor der Eröffnung des neuen Beinsteiner Friedhofs, der bekanntlich in der Talaue neben dem früheren Karrbach liegt, wandte er sich in einem Leserbrief gegen dessen Inbetriebnahme. Denn durch die Nähe der Mineralquellen sei es möglich, dass durch das anstehende Grundwasser Finger- oder Zehennägel von Verstorbenen in den Beinsteiner Sprudel gelangen könnten. Enssle konnte zwar die Belegung des Friedhofs nicht verhindern, setzte aber einige Jahre später noch eins drauf, als er im Gemeinderat beantragte, dass statt des üblicherweise im Ratssaal ausgeschenkten Sprudels aus Schwäbisch-Hall nun doch einheimischer – sprich Beinsteiner Sprudel – angeboten werden sollte. Er setzte sich mit seiner Forderung natürlich nicht durch, aber ließ dann sicherheitshalber bei nächstbester Gelegenheit in der Sitzung den jetzt eingeschenkten Beinsteiner Sprudel demonstrativ durch ein mitgebrachtes Küchensieb – mir Schwoba saget „Seierle" – ins Glas laufen.

Zu jener Zeit durfte im Ratssaal noch geraucht werden. Wer zu spät kam, musste sich durch eine Qualmwolke auf die Suche nach seinem Platz machen. Das Rauchen von Zigarren war besonders Stadtrat Karl Geng vorbehalten, aber auch der Vorsitzende des CDU-Stadtverbandes Siegfried Häbich und der damalige Vorsitzende der SPD-Gemeinderatsfraktion Dr. Helmut Schuhmann, waren keine Kostverächter.

Eines Tages präparierten „böse" Kollegen ein Exemplar und reichten es in der Sitzung Karl Geng, der an der Zigarre genussvoll schmauchte. Es war die letzte Sitzung vor der Sommerpause und alle Stadträte und Stadträtinnen waren schon in Aufbruchstimmung für die Nachsitzung. Was folgte war ein lauter Knall und ein großes Gelächter im Ratsrund, was wiederum beim Oberbürgermeister die Backenmuskulatur beben ließ – ein Zeichen großer Erregung. Und die Amtsglocke sauste auf den Sitzungstisch hernieder und hinterließ eine dicke Kerbe. Es war natürlich nicht daran gedacht, den geschätzten Kollegen in die Luft zu sprengen.

Für bestimmte Honoratioren war im Foyer auch Alkoholisches versteckt. Die jeweilige abendliche Verbrauchsmenge konnte man dann am Inhalt und Vortrag einzelner Wortmeldungen ablesen. Von Namensnennungen sehen wir hier aus verständlichen Gründen ab.

Jedenfalls ist seit vielen Jahren im Gremium alles anders geworden. Kein Qualm, kein Rausch. Maßgeblichen Anteil an dieser Wende zum Guten hatte die von Dr. Gauß eingeführte neue Geschäftsordnung, die 1977 in Kraft trat. Mit ihr wurde in Waiblingen der „Ältestenrat" mit den Fraktionsvorsitzenden und deren Stellvertretern geschaffen. In diesem Gremium wurden damals auch die Benimmregeln in den Sitzungen festgelegt.

Die Neujahrsempfänge des Gemeinderats im Ratssaal waren in den Jahren 1975 bis Anfang der 80er Jahre noch eine kleine, fast familiäre Veranstaltung, denn das Bürgerzentrum wurde erst 1985 eröffnet.

Höhepunkte waren jeweils die Ansprachen und Beiträge der Stadträte und Stadträtinnen sowie der Fraktionen. Es wurde kräftig vom Leder gezogen über die Höhen und Tiefen des vergangenen Jahres mit emotionalen und prestigeträchtigen Abstimmungen. Der damalige Vorsitzende der SPD-Fraktion, Dr. Helmut Schuhmann, fühlte sich ob der Derbheit hintergangen. Empört rief er in den Ratssaal: „Meine Damen und Herren, wenn das die künftige Abstimmungspraxis in diesem Hause sein sollte, dann ist das für uns der „casus belli". Verlegenes Schweigen im Sitzungssaal. Man tuschelte: Vorsicht, der Mann spricht Lateinisch. Aber was hat er gemeint?

Stadtrat Professor Gerhard Teschner lüftete das Geheimnis beim Neujahrsempfang. Er habe mit verschiedenen Kollegen und namhaften Sprachkennern herausgefunden: „Casus" ist der Käse und „belli" heißt schön.

Das bedeute im Grunde nichts anderes als: „Er habe einen schönen Käse erzählt". Nach dieser hervorragenden Übersetzung und großem Gelächter war der Frieden im Gemeinderat wieder hergestellt.

Und wie geht es heute in den Sitzungen zu? Friedliche Wortmeldungen, kein Streit, keine Intrigen? Wer's glaubt, wird selig! Auch heute wird kräftig diskutiert und gestritten um die richtigen Positionen und Mehrheiten.

Nun ja, ganz so schlimm ist's nun auch wieder nicht. Ein bisschen mehr Toleranz gegenüber dem Standpunkt des politischen Gegners täte manches Mal sicher gut.

Deacon-Kunst vor dem neuen Rathaus

So nicht!

So war das damals in den 70ern und 80ern mit dem Sanieren und Nicht-Sanieren...

Von Karl Hussinger

Es waren Jahre der Veränderung – die Altstadt sollte der neuen Zeit gefügig gemacht werden. Landratsamt, Querspange und das Marktdreieck (ein bis heute umstrittenes Bauwerk) waren ihre sichtbarsten Zeichen – es waren die buchstäblich in Beton gegossenen Zeichen der neuen Zeit (… ob das positive Verhältnis der Honoratioren zu diesem Baumaterial mit den Erfahrungen beim Bunkerbau im 2ten Weltkrieg in der Normandie zusammenhing? Zumindest dem Stadtrat Lothar Mayer haben wir das unterstellt…!).

Der Individualverkehr stieg stark an und die Tore der Altstadt sollten für diesen geöffnet werden.

Die Planungen für eine Tiefgarage im Herzen des historischen Stadtkerns samt Einkaufszentrum sowie den notwendigen Straßenverbreiterungen waren in vollem Gange. Dieser Erweiterung sollten dann über 30 Häuser der Weingärtner Vorstadt zum Opfer fallen. Mit dramatischen Folgen für ihre Besitzer: Da ihre Häuser einer Veränderungssperre unterlagen, wurden ihre erbrachten Instandhaltungs- und Sanierungsleistungen nicht anerkannt! So kam es, dass sie sich als Gegenwert nicht einmal eine Wohnung auf der Korber Höhe zu den damaligen Preisen leisten konnten. Auch die Planungsentwürfe für eine vierspurige Altstadttangente

einschließlich einer neuen Rems-Brücke wurden vorgestellt.

Nachdem das Marktdreieck den Unmut der Älteren (Zerstörung des historischen Stadtbilds) und den Unmut der Jugend (Zerstörung von billigem Wohnraum) hervorgerufen hatte, begann sich dieser Unmut in Widerstand zu wandeln. Während sich in Stuttgart die akademische Jugend der Analyse und dem Streit über den richtigen theoretischen Weg ergab, hatte die Jugendbewegung in der Provinz, so auch in Waiblingen, ihre ersten Erfolge in der praktischen Politik mit der JuZe-Bewegung gesammelt. Wir hatten angefangen, unsere politische Umwelt zu verändern, indem

Wunden wurden bei der Sanierung in der Weingärtner Vorstadt und am Stadtgraben geschlagen

wir uns dem Althergebrachten – und auch „der Obrigkeit" – widersetzten. Das selbstverwaltete Jugendzentrum Villa Roller wurde zur Keimzelle dieses Widerstands. Die Bürgerinitiative „So nicht Sanierer" wurde 1979 gegründet, mit dem Ziel, den Bau der „Marktgasse" mittels eines Bürgerentscheids zu verhindern.

Weitere – und als radikal empfundene – Forderungen wie Tempo 30 in der Altstadt oder gar die Einrichtung einer Fußgängerzone erzürnten vor allem die konservativen und liberalen Ratsmitglieder. Ihre Argumente wie „Glaubad Se, i schlepp´ mei Wai-Kischdle durch d´ganz Fußgängerzon zu mei´m Waaga?" konnten nicht gegen den Hinweis bestehen, dass doch der Weg von der Kasse der SB-Halle (in den Rinnenäcker, heute Real) zu den dortigen Parkplätzen um ca. 100 Meter länger sei.

Gerechterweise ist anzufügen, dass unsere Ideen bei der heimischen Geschäftswelt nur vereinzelt Anhänger fanden. Selbst bei den „Freunden" aus der SPD waren diese Vorschläge, obwohl von deren Jugendorganisation (JUSOs) abgekupfert, nicht besonders beliebt.

So bestimmte das Grau und der Ruß der Autoabgase das Erscheinungsbild des historischen Stadtkerns, die Freilegung des Fachwerks war noch in weiter Ferne! Die Altstadt war billiger Wohnraum für die, die es sich nicht leisten konnten am Stadtrand zu wohnen. Die Bürger-Informationsveranstaltungen waren zu dieser Zeit eine Art von Audienzen des Oberbürgermeisters Gauss nach dem Motto: „Sie fragen, wir antworten… – nicht!" Ein Nachfragen des Fragestellers war grundsätzlich nicht erlaubt, ein Nachfragen eines weiteren Bürgers zum selben Thema wurde mit dem Hinweis abgetan, dass man sich

zu diesem Thema ja bereits genug geäußert habe. Bei mehrfachen Nachfragen drohte dann der „Hans fürs Grobe" (Erster Bürgermeister Wössner) die „Störer" aus der Veranstaltung zu entfernen.

Als wir dazu übergingen, die öffentlichen Rats-sitzungen zu besuchen, dominierte zunächst das Erstaunen über so viel Interesse. Zitat OB: „Da könnet Se was lerna!". Schon bald aber musste wieder mit „harter Hand" re(a)giert werden, der Applaus (noch dazu für die „falsche"

79

Fraktion!) wurde untersagt! Auf den folgenden Sitzungen verwendeten wir dann Schilder mit der Aufschrift „Buh" oder „Bravo" – auch diese wurden verboten!

Wir, die „So nicht Sanierer", reagierten mit der Gründung eines etwas anderen TÜVs (wie aus seinem Namen wohl deutlich wird!). Der „Technische ÜberraschungsVerein" entwickelte zahlreiche anti-autoritäre Aktionen – wie z.B. das Verschließen des Ratssaals mittels Fahrradschlössern, um den Räten das Gefühl zu vermitteln wie es ist wenn man ausgesperrt wird. Oder das Behängen der städtischen Weihnachtstannen mit Informationspaketen, um der Bevölkerung eine „frohe Botschaft" zugänglich zu machen.

Oder nachfolgende Aktion: Der kreativste Kopf des TÜV war Helmut Grösch,

genannt Düse, der spätere Stadtrat der ALi. Schon lange schwebte ihm eine spektakuläre Aktion vor, in deren Zentrum der Begriff „Stimmvieh" stehen sollte – übrigens ganz in der Tradition der Handwerksgesellen des 15. Jahrhundert. Die hatten über Nacht eine Fuhre Mist (samt Wagen) in den Ratssaal des alten Rathauses geschafft, um auf den Mief der Ehrbarkeit hinzuweisen.

In der Sitzung am 28.10.1981 sollte das „Stimmvieh" die Stadträte symbolisch besuchen. Hierzu schien dem TÜV nichts geeigneter als der allseits bekannte Bock aus dem Lied der schwäbischen Eisenbahn. Dieser wurde von einem Bekannten aus den Berglen „ausgeliehen". Freund Bernhardt, der ein selbstausgebautes Wohnmobil hatte, wurde mit dem Transport beauftragt. Wegen der Folgen der Geruchskontamination musste er anschließend seinen geplanten Urlaub mit Freundin verschieben. Seine spätere Frau konnte auch Jahrzehnte später nicht darüber lachen.

Da die Obrigkeit mit einer Aktion von uns rechnete, wurde der Hausmeister zur Überwachung des Eingangsbereichs abgeordnet. Als Düse und Bernhardt mit

dem Bock ankamen, standen sie zunächst vor der Frage „Was nun tun?". Da aber das Glück mit dem „Sponti" ist, tauchten wie aus dem Nichts zwei junge Sympathisantinnen auf. Die beiden Mädchen wurden zum Schlüssel zur Überwindung der Eingangsbewachung. Sie schlenderten am Hausmeister vorbei Richtung Ratssaal, um es sich dann doch noch anders zu überlegen. Sie änderten ihren Weg in Richtung Keller und Toilette des Ratssaals. Nach kurzer Zeit kam eine der beiden die Treppe hochgestürmt, mit einem Entsetzen in den Augen und dem Ruf auf den Lippen: „Die Toilette läuft über!!!". Wir wissen nicht, ob der Hausmeister aus innerster Überzeugung heraus, dass so etwas in seinem Verantwortungsbereich nicht vorkommen darf, oder aus Hilfsbereitschaft oder aus einer Vermeidungsstrategie heraus (den Ärger mit den Stadträtinnen vor Augen), seine Wachposition verließ, aber der Weg für den Bock war nun frei.

Düse führte den Bock an der Leine in den Saal, während zwei Freunde der Bewegung den Eintritt des geprellten Hausmeisters durch Zuhalten der Türgriffe von innen verhinderten. Das Klopfen der Hufe des Böckleins machte den

Ratsschreiber Glock auf das Tier aufmerksam. Er hielt es aber zunächst für einen großen Hund. Ihm entfuhr der Ausruf: „Des geht aber net!". Während dessen verlas der OB Gauss stoisch die Haushaltserläuterungen, er schien zunächst nichts zu bemerken. Stadtrat Siegfried Häbich hingegen machte sofort den Vorschlag: „Solle mer des Böckle verschieße?". Als jedoch Düse mit dem Bock auf ihn zuging,

verschwand sein Mut zusehends. Frau Heubach, die neben ihm saß, sprang entsetzt von ihrem Stuhl auf, wohl um dem doch etwas nachhaltigen Geruch des Tieres zu entgehen. Nun war auch dem Letzten im Saal bewusst, dass er vom „Stimmvieh" besucht wurde. OB Gauss blickte unwillig von seiner Vorlage auf und richtete an Düse die Frage: „Wollet Sie uns etwas saga?". Düse übergab daraufhin das vorbereitete Flugblatt. Die Mission war erfüllt. Dem eifrigen Hausmeister, der die von innen blockierte Tür nun endlich überwunden hatte, oblag nun die Aufgabe, den Ratssaal zu lüften. Düse führte währenddessen den Bock nach draußen. Die Aktion war endgültig beendet.

Ich möchte nicht verschweigen, dass es zumindest eine „kleine Berührung" mit der kommunistischen Weltbewegung gab (wenn auch nicht mit dem KBW, wie von Stadtrat von Pollern

vermutet), denn der Besitzer des Bockes war ein alter Kommunist. Ob aber auch das Böcklein ein Parteibuch besaß oder zumindest ideologisch geschult war, konnten wir nicht mehr in Erfahrung bringen!

Wir waren von dem Erfolg einer Bürgerinitiative in Tübingen beflügelt (erfolgreicher Bürgerentscheid gegen eine vierspurige Durchgangsstraße) und wollten diese Form der direkten Demokratie in Waiblingen erproben. Die Chance ergab sich, als der Sanierungsbeschluss kurz vor dem neuen Altstadtfest fiel. Von unserem Infostand auf dem Privatparkplatz des Malers Schweitzer konnten uns auch die Ordnungsbehörden nicht vertreiben. In der Nähe des abgerissenen Gefängnisses gelegen, war er während des gesamten Festes gut besucht. Zahlreiche Festbesucher unterstützten uns, die Information drang zu einem großen Teil der Bevölkerung durch, und so gelang es uns, innerhalb der vorgeschriebenen vier Wochen 3300 Unterschriften von wahlberechtigten Waiblingern zu sammeln.

Der Rat lehnte einen Bürgerentscheid jedoch ab, und das Verwaltungsgericht in Stuttgart gab diesem Recht, unter anderem

s'Stemmvieh mäldad sich zu Word

Ab ond zua derf's Stemmvieh äbbas saga, äll vier Johr wird's vom Trog wägg zorr Urne gruafa. Soäbbas nennt mer no mindige Birger.

Abber em Grond gnomma isch mor fir dia Härschafta vom Rathaus blos s'Stemmvieh !

● Deshalb duats au a Gois als Zuherer em Rathaus. Manchmol wenn Birgerversammlong ischt no därf mer sogar mäggra. Je nachdem wer mäggert sagt no d'Obrichkeit, sia hend au rächt abber s'isch jo älles ganz anderscht. Wia anderscht des no ischt des läset mer no en em nägschde Dag an onserer älliweil obrichkeitsfraindlicha Heimatzeidong.

Trotz ällem hen en de letschde drei Johr viele Leit gega dia erdbewegende Abbruch"sanierong" gmäggeret... abber et blos gmäggeret, mer hot oft gnuag au gsagt wia !

Iber dreidausendreihondert wesa gwäsa, ond des vor dr Gmeinderatswahl. Ojegerle dia missat mer jetzt abber Ärnscht nemma, hen no ned wenig vo de Stadträt gsagt.

Abber des war au net so gmoind, s'war no älles wiedr ganz anderscht. Em Rathaus hen se emmer
● wiedr romposaunt "Gott ond Volk mit ons", abber voram Birgerendscheid durchs Volk hen se sich driggt.

Also so wia dia "Sanierong" zom Hemmel stengt, ka et mol a alder Goisbogg stenga. Do schwätzet se vo Vorkehrsberuigong ond gleichzeidig wellet se no meh Audo-Kondschaft, zom Dail glei dreischburig, ens Eikaufsmangnet reiziaga. Des wird an rächt ogsonder Vorkehrsmangnedizismus.

Wenn en a baar Johr dr Boggmischd färdich ischt ond d'Obrichkeit mergd, daß se a Vorkehrskaos voboggt hot, no kennt se net saga s'Stemmvieh häb net gmäggeret !

auch wegen der Begründung der Stadtverwaltung, dass es sich um ein privates Bauprojekt handelt. (Die Tiefgarage wurde von der Stadt finanziert.)

Da weder die DDR noch die UdSSR oder China uns die von den konservativen Räten angedeuteten Geldzuwendungen zukommen ließen, mussten wir andere Wege der Finanzierung finden. Die Hauptfinanzierungsquelle waren die Einnahmen aus dem von Norbert Sütsch inszenierten „Real Theaterstück" zur Altstadtsanierung, dessen Erfolg uns alle überraschte. Mehrere hundert Besucher, die jeweils 10 Mark Eintritt bezahlten, legten die materielle Basis für weitere Aktionen.

Vor allem zahlreiche ältere Besucher sprachen uns Mut und Unterstützung zu. So mancher Hundertmarkschein bestätigte uns in unserem Ziel. Zwar konnten wir den Bau der heutigen Marktgasse nicht verhindern, aber wir haben mit Sicherheit einen „Umdenkungsprozess" bei Rat und Bevölkerung angestoßen. Die heutige Altstadt ist wiedererstanden als eine Einheit von Wohnen, Arbeiten und Einkaufen, mit kurzen Wegen, die ein Auto nicht erforderlich machen.

Touristen, die heute unsere freigelegten Fachwerkhäuser in der Fußgängerzone bewundern, bleiben kopfschüttelnd vor dem Marktdreieck stehen und fragen, wie man so etwas bauen konnte!

oben: Erster Katasterplan der Alstadt aus dem Jahre 1832
unten: Bestandsaufnahme von 1974

„Im Jahr 1476 war zu Waiblingen der Obervogt Grafenecker. Damals trafen einige junge Burschen, die bei Nacht in den Gassen umherschwärmten, die Nachtwächter betrunken und schlafend an. Die Burschen zerlegten einen Mistwagen, den sie in einer Gasse gefunden hatten, trugen ihn stückweise auf das Rathaus hinauf, fügten die Stücke dort oben wieder zusammen und ließen die Deichsel zum Laden hinausragen. Als die Leute dies am folgenden Morgen sahen, entstand eine große Verwunderung und ein Gelächter über diesen mühsamen Streich. Der Aufbau war schnell geschehen, das Heruntertragen forderte aber eine längere Mühe und Arbeit"

aus: Waiblingen in der „Schwäbischen Chronik" des Michael Crusius (1595/96)

Gebt unsere Stadt frei!
Die Waiblinger Frauendemonstration

Von Helmar Frank

Am 9. April 1945 gingen in Waiblingen die Frauen auf die Straße. Sie demonstrierten dafür, die Stadt nicht zu verteidigen, sondern den Amerikanern kampflos zu übergeben. Am 20. April fuhren die Amerikaner mit ihren Panzern ein. Die Stadt wurde nicht verteidigt, auch die Sprengung der Brücke am Beinsteiner Tor wurde in letzter Minute verhindert. Die Stadt blieb unzerstört, nicht zuletzt dank des Engagements ihrer Frauen.

Die letzten Kriegstage im April 1945. Damals war ich zwölf Jahre alt. Etwas hat sich mir dauerhaft eingeprägt: die Waiblinger Frauendemonstration.

Das Wissen um die Vorgehensweise der US-amerikanischen Armee führte zur Ablehnung der Verteidigungsstrategie der Wehrmacht durch die Einwohner der bedrohten Städte. Aktiver Widerstand durch Männer war mit der Todesstrafe belegt. Es gab aber Frauendemonstrationen. Am Sonntagnachmittag, dem 8. April 1945, erfuhren wir von einer solchen durch das Telefongespräch, das über unseren Apparat eine Nachbarin, Erna Sch., Schulfreundin meiner Mutter Erna Frank, führte. Mein Vater Manfred Frank und mein Großvater Wilhelm Glocker – er gehörte zu den Freimaurern – waren ebenfalls anwesend. Die Idee einer Demonstration der Waiblinger Frauen gegen die Verteidigung der Stadt entstand. Sie wurde wenig später konkretisiert durch eine über die Gärten hinweg von Balkon zu Balkon getroffene Absprache zwischen meiner Mutter, Frau Sch. und Frau R., der Nachbarin nebenan: Die Demonstration solle am Folgetag um 14 Uhr vor dem Rathaus stattfinden. Vereinbart wurde der sofortige, gemeinsame Start einer raschen Mund-zu-Mund-Verbreitung dieser Parole bei Verschweigung der Quelle. Tatsächlich drängten sich anderntags auf dem Rathausplatz und den zuführenden Straßen die Demonstrantinnen zusammen und forderten in Sprechchören den Verzicht auf die Stadtverteidigung.

Noch 50 Jahre später wurde in der Ausgabe des Amtsblatts der Stadt Waiblingen (Stauferkurier vom 12. April 1995, Seite 2) über das Entstehen der Frauendemonstration spekuliert, denn die drei Initiatorinnen haben sich später nie damit gebrüstet.

Die örtliche „Spitze der Partei" aber (der NS-Ortsgruppenleiter war wenige Jahre vorher noch Mieter in unserem Haus gewesen) hatte den Ursprung herausgefunden; wir erfuhren von seiner Äußerung: „Weil wir 1933 einen Freimaurer verschonten, macht uns nun seine Tochter diese Schwierigkeit". Die Gefahr, in der meine Mutter offensichtlich schwebte, dauerte noch bis zum Samstag, 21. April. Wir erwarteten im Keller die Beschießung der Stadt. Sie blieb aus. Die Stadt wurde kampflos übergeben. In meinen Taschenkalender schrieb ich unter dieses Datum: Also hat die Frauendemonstration doch etwas genützt.

Übrigens wurde mein Großvater später von der Besatzungsmacht als stellvertretender Bürgermeister eingesetzt.

Mit freundlicher Genehmigung des Autors aus: Helmar Frank, Meine Mini-Memoiren, Paderborn 1998

Aus dem Tagebuch einer Einundzwanzigjährigen

Von Hanna Keyler

Montag, 9. April 1945

Ein Lauffeuer fliegt durch die Stadt: Heute Nachmittag um zwei Uhr versammeln sich die Waiblinger Frauen vor dem Rathaus und protestieren gegen die Verteidigung der Stadt!! Sowas!!!

Wir sind uns im Büro alle einig darüber, dass wir auch dazu gehen. „Du bleibst mir da!", sagt Vater beim Mittagessen. „Nein, ich gehe. Ich will nicht bloß hintenherum schimpfen, sondern meine Meinung auch öffentlich zeigen".

Um zwei Uhr strömt es aus allen Gassen und Sträßlein zum Marktplatz. Eine dichte Menschenmenge, Frauen und Kinder, drängt sich vor dem Rathaus. Immer mehr kommen. Ein Sprechchor klingt auf: „Gebt unsere Stadt frei!". Auf dem Balkon erscheinen der Bürgermeister, der Ortsgruppenleiter und der Polizeileutnant. Rufe gellen hinauf. (Es hat auch „Hyänen" unter den „Weibern"). Da: Fliegeralarm! Ungestümes Rufen und Schreien: „Das gilt nicht! Das ist gemacht!!" Nach drei Minuten Vorentwarnung. Der Bürgermeister fordert

zweimal auf, den Platz zu verlassen. Der Polizeileutnant schreit: „Fliegerdeckung!", ein SS-Soldat vor dem Rathaus will schießen. Einzelne weichen, auch ich gehe ein paar Schritte zurück, aber die Hauptmenge bleibt unbeirrt.

Der Ortsgruppenleiter verschafft sich Ruhe und beginnt zu reden. Er ist sehr bleich und beginnt: „Frauen von Waiblingen! Ich bin Ihnen kein Unbekannter. (Gemurmel) Ich habe schon oft zu Ihnen gesprochen, es ist möglich, dass es heute das letzte Mal ist. (Rufe: „Hoffentlich!")... Seit einiger Zeit geht durch Waiblingen das Gerede, ich wolle die Brücken sprengen lassen. Wer genau zugesehen hat, weiß, dass Pioniere der Wehrmacht die Sprengvorrichtungen gelegt haben. Die Verteidigung der Stadt liegt völlig in den Händen der Wehrmacht! Es geht die Rede, ich wolle den Wasserturm sprengen lassen. Am Wasserturm ist

Über die „Milchere" (ganz rechts) verbreitete sich die Nachricht von der Demonstration in Windeseile in der ganzen Stadt.

84

kein Krumen Erde bewegt worden! Es heißt, ich wolle das Elektrizitätswerk sprengen lassen. Ich werde mit den verantwortlichen Männern der Stadt dafür sorgen, dass die Bevölkerung von Waiblingen so lange als irgend möglich mit Strom versorgt wird… Wenn der Stadt Waiblingen etwas an meinem Leben gelegen ist: Hier bin ich! Ich liefere mich Ihnen aus! (Rufe: „Das wollen wir doch gar nicht, - gebt unsere Stadt frei!")… Ich versichere Ihnen, dass die Verteidigung in den Händen der Wehrmacht liegt! („Stimmt nicht!") Meinen Sie, irgendein Angehöriger der Wehrmacht würde sich von einem kleinen Ortsgruppenleiter etwas dreinreden lassen? … Es geht mir nun so wie dem Heiland. Da riefen sie auch am Palmsonntag: Hosianna! Und am Karfreitag: Kreuzige! … (Zwischenrufe) …

Ich habe immer so gehandelt, wie ich es vor meinem Gewissen und dem Herrgott verantworten kann! (Hohnrufe: „Jetzt wird er auch noch fromm!")…
Und im übrigen verlasse ich mich darauf: Es fällt kein Sperling vom Dache ohne den Willen Gottes!" („Jetzt schiebt er auch noch dem lieben Gott die Verantwortung zu!") – Hohngeheul!
Die Soldaten vor dem Rathaus versuchen erneut, die Menge zu vertreiben. Es gibt ein Gewühl und ein Geschrei. Langsam gehen dann Einzelne nach Hause. Aber es dauert noch lange, bis sich die Gemüter beruhigen.

„Nun, was ist jetzt das Ergebnis Eurer Demonstration?", fragt der Vater.
„Sie wissen unsere Meinung."

Hanna Keyler hat die Frauendemonstration miterlebt und in ihrem Tagebuch festgehalten. Sie arbeitete 1945 im Büro der Buchhaltung bei der Seidenstoffweberei Küderli, die damals Kriegsartikel herstellte.

Ihre Schwägerin, Elsbeth Keyler, erinnert sich heute noch an jenen Tag: Sie war damals vier Jahre alt und fühlte sich während der Demonstration auf dem Arm ihrer Mutter trotz des Trubels vor dem Rathaus sicher und geborgen.

Die letzten Stunden: Fragen an die Geschichte
Was geschah wirklich an den Remsbrücken?

Von Iris Förster

Über die letzten Stunden vor dem Einmarsch der Amerikaner am 21. April 1945 gibt es verschiedene, zum Teil sich widersprechende Berichte. Wir stellen sie hier gegenüber und werden es den Leserinnen und Lesern überlassen, die Glaubwürdigkeit der Quellen zu beurteilen.

Die Parole wurde eine Woche zuvor von Himmler persönlich ausgegeben: „Keine deutsche Stadt wird zur offenen Stadt erklärt. Jedes Dorf und jede Stadt wird mit allen Mitteln verteidigt und gehalten." Und der württembergische Gauleiter ordnete an, dass jeder Versuch, die Schließung einer Panzersperre zu verhindern, mit dem Tode bestraft wird. Auch die Familie des Schuldigen habe drakonische Strafen zu erwarten.

Umzug der Hitlerjugend durch Waiblingen

Die Waiblinger Remsbrücken waren deshalb am 21. April für die Sprengung vorbereitet, an allen Straßen, die aus der Stadt herausführten, waren Panzersperren aufgebaut. Amerikanische Truppen kamen von Korb, eine andere Einheit näherte sich von Großheppach her über Beinstein.

Der 18-jährige Hermann Täuber wohnt nicht weit vom Beinsteiner Tor. Seine Eltern haben in der Winnender Straße eine Druckerei. Nach einer schweren Angina wurde Hermann aus dem Lazarett entlassen und musste nicht mehr an die Front zurück. Er dient jetzt unter dem Ortskommandanten Major Wolf in der Ordonanz.

Gegen 10 Uhr ein Knall, eine Druckwelle, die Remsbrücke an der Umgehungsstraße war gesprengt worden. Hermann radelt vom Rathaus runter zum Beinsteiner Tor um dem dort Dienst habenden Unteroffizier mitzuteilen, dass der stellvertretende Bürgermeister Schwab angeordnet hat, nicht zu sprengen. Der Unteroffizier beharrt jedoch auf einem schriflichen Befehl. Ein Brückenanwohner mit Stahlhelm und Knüppel kommt herbei und will auf den Unteroffizier losgehen. Hermann fährt unverrichteter Dinge zurück. Gegen 11 Uhr kommt er abermals zur Brücke geradelt. In der Hand hält er einen Zettel: „Nicht sprengen! Wolff". Hermann drückt dem Unteroffizier das Papier in die Hand, dieser beugt sich zum Zünder, und Hermann radelt sofort weiter. Die Amerikaner stehen schon drei Häuser von der Brücke weg. Als Hermann sich umdreht, stürzt er vom Rad, schlägt sich das Knie auf, rennt Deckung suchend weiter und sieht, wie der Unteroffizier, in den Oberschenkel getroffen, zusammenbricht.

Eine zweite Version der versuchten Sprengung: Der Unteroffizier drückt den Zünder und nichts geschieht. In den vergangenen Tagen sind die Brückenwächter regelmäßig in den „Schwanen" gekommen, um sich zu verpflegen. Einmal hat der Schwanenwirt ihnen im Gastraum Schnaps hingestellt, sich aus der Wirtschaft geschlichen und die Zündschnur durchgeschnitten.

Im Protokoll des Gemeinderats Waiblingen 1944/45 Seite 113 ff.) finden wir mit folgendem Wortlaut eine dritte Version:

Die Besetzung der Stadt Waiblingen durch amerikanische Truppen am Samstag, dem 21. April 1945

„Am Abend des 20. April 1945 und während der Nacht wurde bekannt, daß alliierte Truppen in nächster Nähe der Stadt Waiblingen verschiedene Städte und Orte besetzt haben. ... Von 0:45 Uhr an beschossen einige Geschütze in unregelmäßigen Abständen unsere Stadt. Einzelne Häuser wurden beschädigt ... Verletzt wurde Frau Maier, geb. Bösinger, am Oberschenkel durch einen Granatsplitter. ... Zwischen 9 und 10 Uhr wurde bekannt, daß der Amerikaner in Korb eingezogen sei, ... Fräulein Schäfer gab die Auskunft, daß

ihr Bruder, der stellvertretende Bürgermeister Ludwig Schäfer ... die Übergabeverhandlungen mit den Amerikanern führe. ... In der Zwischenzeit teilte dann Revierhauptmann Baßler mit ...

Major Wolf habe angeordnet, daß die Remsbrücken nicht gesprengt werden dürfen. Es wurde dem Unteroffizier sofort der Auftrag erteilt, dem für die Sprengung verantwortlichen Unteroffizier dies

Ein Bild wie ein Gemälde: Remsufer mit Blick auf Beinsteiner Tor und Remsbrücke

mitzuteilen. … Später kam ein Soldat aufgeregt in das Zimmer … und teilte mit…, daß aber der für die Sprengung verantwortliche Unteroffizier die Sprengung vornehme, wenn ihm nicht von zuständiger Stelle ein schriftlicher Befehl zur Unterlassung der Sprengung gegeben werde. … Daraufhin ordnete der stellvertretende Bürgermeister an, daß die Brücken nicht gesprengt werden dürfen, … der Unteroffizier sah dann von der Sprengung der Brücke (Anm.d.Verf.: der Brücke vor dem Beinsteiner Tor) ab. Die Amerikaner waren inzwischen aber so weit vorgerückt, daß sie bereits auf den Unteroffizier geschossen und ihn verletzt hatten. Der Befehl zur Unterlassung der Sprengung der Brücken an der Umgehungsstraße erreichte den verantwortlichen Unteroffizier dadurch nicht mehr. Die Brücke war inzwischen gesprengt worden.“

Oberschenkelschuss durch amerikanische Soldaten oder doch Sabotage? Wir werden heute den tatsächlichen Verlauf der Geschehnisse nicht mehr herausfinden können. Festzustellen ist allemal, dass Geschichte dann besonders interessant wird, wenn man ganz genau hinschaut. Heute, nach über 60 Jahren, können wir lediglich die Folgen des damaligen Handelns erkennen, einordnen und mit unserem Wissen und unseren Erfahrungen bewerten.

Die prächtigen Chorfenster der Michaelskirche jendenfalls zeugen auch heute noch von den dramatischen Ereignisse des 21. April 1945. Durch die Sprengung der Brücke an der Umgehungsstraße waren die farbigen Glasfenster im Chor, die aus der zweiten Hälfte des 19. Jahrhunderts stammten, zerstört worden. Erst zwölf Jahre später, 1957, hatte die Kirchengemeinde ausreichend Geld gesammelt, um neue Fenster in Auftrag zu geben und die Kriegswunden an der Kirche zu heilen.
Ausgeführt wurden die Glasmosaike vom Bauhausschüler Professor Martin Domke, der auch Chorfenster für die Friedenskirche in Düsseldorf gestaltet hat.

Der heutige Name „Michaelskirche" für die außerhalb der Stadt auf dem Kirchenhügel liegende „Alte Kirche" oder „Große Kirche" hat sich erst ab 1950 eingebürgert. Ein erster Vorgängerbau stand an dieser Stelle vermutlich bereits unter den Merowingern im 7./8. Jahrhundert, der kleine Schalenturm hinter der Kirche stammt in Teilen aus dieser Zeit und ist eines der ältesten Bauwerke der Stadt überhaupt. Die mächtige dreischiffige Hallenkirche in ihrer heutigen Form wurde ab ca. 1440 unter Graf Ulrich „dem Vielgeliebten", der selbst in Waiblingen geboren war, begonnen, und 50 Jahre später unter Graf Eberhard im Barte vollendet.

Das spätgotische Hochrelief des Kirchenpatrons Michael im Innenraum ist neben der Kanzel das einzige erhaltene Kunstwerk aus vorreformatorischer Zeit. Die Innenausstattung wurde 1866 in gotisierter Neufassung verändert und im ausgehenden 20. Jahrhundert aufwändig restauriert. Vierzehn kunstvoll gestaltete steinerne Grabsteine prominenter Waiblinger Bürgerinnen und Bürger, sogenannte Epitaphe, hingen ehemals an den Außenmauern der Michaelskirche und deckten eine kunsthistorische Zeitspanne von mehr als 300 Jahren ab: von der Renaissance über das Barock bis zum Empire. Der Steinfraß hatte ihnen stark zugesetzt, heute hängen einige (u.a. auch der Kühorn-Stein) im Inneren der Kirche, sowie geschützt am Eingang zum Friedhof in der Alten Rommelshauser Straße.

Der linke und der rechte Wächter, Ausschnitt aus den Dohmke-Fenstern in der Michaelskirche

Wenn's Frühjohr kommt

In meiner Kindheit waren die Winter schneereicher, kälter als heute und dies über einen langen Zeitraum. Kalt war es ganz besonders in unserem alten Haus, dessen Schlussstein die Jahreszahl 1574 aufweist und man in diesem Fall nun wirklich von einem alten Haus sprechen kann. Solche Häuser haben in der Regel viele Fenster, hohe Räume und einen endlos langen Hausöhrn, heute nennt man es Flur. Da nützt es wenig, wenn man im Herbst zum Schutz gegen die Kälte die damals üblichen Vorfenster einhängte, die Kälte kroch durch alle Ritzen und nicht selten glitzerten Eiskristalle auf der Tapete an der Wand, an der mein Bett statt. Kein Wunder, es war eine Außenwand, Isolierung kannte man nicht, wie auch, es ist ein Fachwerkhaus.

Geheizt wurde mit Holz, Brikett und Eierkohle, die man, je nach Bedarf, ein bis mehrere Male aus dem Kohlenkeller heraufschleppen musste, eine jener häuslichen Pflichten, die gerne den Kindern übertragen wurde.

Einmal im Jahr und dies zu Weihnachten, wurde im sogenannten „guten Zimmer" der gusseiserne Ofen mit großen Startschwierigkeiten in Schwung gebracht, um Heilig Abend zu feiern und die Besucher an den zwei Feiertagen zu bewirten. Diesen großen und hohen Raum in unserem Haus innerhalb eines Tages auf Zimmertemperatur zu bringen, war nicht einfach. In dem komplett ausgekühlten Zimmer fingen zunächst einmal die Wände an zu schwitzen und es dauerte ewig, bis sie sich einigermaßen erwärmt hatten und man sich in diesem Raum mehr oder weniger wohl fühlt. Meistens weniger, denn meine Oma hatte immer ein Schäle parat, für den Fall der Fälle, wie sie sagte. Nach Weihnachten ließ man den Ofen „ausgehen", und die gute Stube fiel so peu à peu wieder in ihren alten Zustand zurück. Trotz all dieser Widrigkeiten, etwas Gutes hatte es, der Christbaum hielt bis ins Frühjahr und dies ohne zu nadeln. So hat halt alles seine zwei Seiten. Besonders unangenehm in dieser kalten Jahreszeit war für alle Hausbewohner der Umstand, dass es damals noch keine Wasserspülung im Hause gab, die war noch in weiter Ferne. Erst allmählich, in den 50er-Jahren, wurde in den Häusern mit Plumpsklo eine Wasserspülung installiert. Auf diesem Plumpsklo, dass in der Regel außen am Hause klebte, war es im Winter unsäglich kalt und nicht selten, besonders in strengen Wintern und einer größeren Anzahl von Mitbewohnern, sind die Hinterlassenschaften ganz langsam von unten nach oben zu einem beachtlichen Eisblock erstarrt. Von Zeit zu Zeit hat man dann schon darüber nachgedacht, was wohl zu tun wäre, wenn es noch länger kalt bliebe und auch kein heißes Wasser, das ab und zu nachgeschüttet wurde, mehr hilft. Zu einer Lösung kam man nie. Die Tage und Wochen gingen dahin und Jahr für Jahr, Ende Februar oder Anfang März hörten wir ein dumpfes, lawinenartiges Grollen aus eben jenem Örtchen, und meine Großmutter sagte mit steter Regelmäßigkeit und einer Erleichterung in der Stimme: „Gott sei Dank, jetzt wird's Frühjohr".

Ich hab's nie vergessen und höre es heute noch immer wenn jemand sagt, Gott sei Dank, jetzt kommt bald s'Frühjahr, heute allerdings in einem sicherlich völlig anderen Zusammenhang.

Sigrid Keppler

Was macht der Jäger an der Kirche?
Erinnerungen eines alten Dekans beim Gang um die Michaelskirche

Von Walther Küenzlen

Manchmal sitze ich allein in der leeren Michaelskirche. Hier kann man seinen Gedanken nachgehen und sich von Erinnerungen besuchen lassen. Besondere Gottesdienste tauchen auf, Gespräche mit allerlei Menschen in Kirche oder Sakristei. Vielleicht klingt noch einmal ein längst verhallter Gesang eines Kirchenchors leise an mein Ohr.

Bunter werden die Erinnerungen, wenn ich anschließend noch einen Rundgang um die Kirche mache. Früher geschah dies, um nachzusehen, ob die Umgebung sauber blieb, ob die Grabsteine, das Mauerwerk oder die Fenster beschädigt waren. Heute sorgen sich andere und viel nachdrücklicher um die Erhaltung der Kirche. Gleich neben der Kirchentüre steht draußen die lebensgroße Statue einer Mutter. Sie trägt ihr Kind auf dem Arm.

Beide sehen so verlassen aus und hätten Zuspruch und Geborgenheit sicher nötig. Gut, dass sie an die Kirchentüre gekommen sind! Kürzlich hat ein alter Herr beim Verlassen der Kirche ihnen freundlich zugelächelt und feierlich den Hut gezogen. War es Verehrung für das Kunstwerk oder glaubte er, Bekannte zu grüßen? Die Pflastersteine des Weges um die Kirche und der grüne Rasen decken die Gebeine der Waiblinger, die hier auf dem Kirchhof bis in die Mitte des vorigen Jahrhunderts im Schatten ihrer Kirche zur letzten Ruhe gebettet wurden.

Wo man hier aufgräbt, stößt man auf ihre Reste. Als vor Jahren dieser Weg neben der Kirche neu ausgehoben wurde, brachte unser Jüngster, damals Zweitklässler in der Karolingerschule, freudestrahlend über seinen Fund eine Plastiktüte mit Knochen von diesem Alten Friedhof mit nach Hause. Ich brachte seinen Fund abends wieder an den dafür zuständigen Ort zurück.

Beim Weitergehen sehe ich zu der Inschrift oben an einem Pfeiler hinauf. Man hat nie gewusst, was die paar erkennbaren Buchstaben bedeuten.

Eines Sommermorgens machten sich Mitglieder des Heimatvereins ans Entziffern. Karl Haas hielt die Leiter, Erich Scheible kratzte den Belag der Jahrhunderte ab, ich versuchte Buchstaben um Buchstaben sinnvoll aneinanderzufügen. Bis es deutlich wurde: Der Präzeptor der Lateinschule hat hier vor 400 Jahren seinen frühverstorbenen Kindern mit eigener Hand in lateinischen Versen eine Grabschrift eingegraben. Auch in der deutschen Übersetzung spürt man bis heute Trauer und Zuversicht des Vaters und wird davon auch bis heute zutiefst bewegt:

Bestattet liegt in diesem Grabe
Ludwig, des Frischlin
kleiner Knabe
Er wartet hier auf deinen Tag,
Herr Christ, darauf ich Amen sag.

Und neben ihrem Bruder gut
Die Schwester Apollonia ruht.
Erweck auch sie in deinem Namen
O Herre Jesus Christus! Amen.

Diese Inschrift ist eine besondere Kostbarkeit unserer Kirche.

Die Inschrift Jakob Frischlins

Das Kühorn-Grabmal

Bei dem daneben angebrachten Grabstein erschrecke ich über die rasch fortschreitende Zerstörung durch die Witterung. Vierhundert Jahre lang konnte man Bild und Inschrift deutlich sehen. Jetzt ist, was vor zehn Jahren noch gut sichtbar war, nicht mehr zu erkennen. Der Stein wurde seit Jahren bezeichnet als „Grabmal des ehrbarn Kühorn (?)", weil darauf das Wappen der Waiblinger Familie Kühorn abgebildet war. Aber es war nicht bekannt, um welches Mitglied der Familie es sich hier handelt. Seit einiger Zeit weiß man, dass es das Grabmal des Waiblinger Vogts Thomas Kühorn ist, der hier 1526 verstarb. Da auf dem Stein schon lange kein Name, sondern nur das Kühorn-Wappen erkennbar war, konnten sich in der Vergangenheit romantische Phantasien um dieses Grab ranken. Ein Familienforscher sah in dem darauf Dargestellten sogar einen unehelichen Sohn des Grafen Eberhard im Bart, von dem man weiß, dass er gerne bei den Waiblinger Kühorns einkehrte.

Nach ein paar Schritten komme ich an die Staffel zum Eingang in die Sakristei. Die ausgetretenen Natursteine mussten vor ein paar Jahren erneuert werden. Das Bauamt verlangte dabei auf beiden Seiten einen „Handlauf".

Meinen Einwand, 450 Jahre lang sei ohne ein Geländer kein Pfarrer abgestürzt, ließen sie nicht gelten, es sei Vorschrift. Man erkennt deutlich, welche Fortschritte wir machen.

Die reich ausgestattete Grabanlage der Familie Grimmeisen muss einst einen prächtigen Anblick geboten haben. Heute wird an ihr der zerstörende Einfluss unserer Luft besonders deutlich, allerdings auch die rohe Zerstörungslust der Menschen. Wer hat wohl den acht betenden Kindern die Köpfchen abgeschlagen? Was hätte wohl der „Landsknechthauptmann und Kriegskommissar in Ungarn" zur Zerstörung seines Grabmals gesagt?

„Als Schulmeister kriegt man in Waiblingen wenigstens einen schönen Grabstein", sagte ein Lehrer zu mir, als ich ihm das Empire-Relief für den Knabenschulmeister Friesinger zeigte. Mehr als 33 Jahre hat er hier seinen Dienst getan. Für mich ist er bedeutsam, weil der kleine Friedrich Silcher als Bub oft von Schnait nach Waiblingen wanderte, um bei Friesinger einen hervorragenden Zeichenunterricht zu bekommen.

Epithaphe an der Kirche um 1930

Die stillen Fragen

Umschlossen ruht ein Rasengarten,
Grün von gesunkner Gräber Moos;
Man blickt von Zinn' und
Mauerscharten
In des bebuschten Tales Schoß.
Und unten brausen Wehreswellen –
Grabstein' umreihn in stillem Raum
Die Kirche; alternde Kapellen,
Entfenstert, stehn am Hügelsaum.
Da irr ich an bewölkten Tagen
Umher, im engen Kreise nur
Und richte meine stillen Fragen
An Kirche, Gräber und Natur.

Karl Mayer (1786-1870)
genannt die „Waiblinger Nachtigall"

Mit dem Rücken an der Mauer zur Karolingerschule habe ich gerne die Stirnseite der Michaelskirche betrachtet. Von dort gibt es einen eindrucksvollen Blick auf die herrliche Fassade. Schade, dass man die kraftvolle Schauseite mit den ausgesuchten Quadern nicht von größerer Entfernung – etwa von der Stadt aus – sehen kann. Aber die alten Baumeister wollten eben den Chor im Osten habe, so geht die Frontseite nach Westen.

Als ich diesen Anblick einmal wieder genoss, rauschte eine Dame auf mich zu: „Die Einschüsse dort gehören endlich beseitigt", sagte sie und wies auf die Zangen-Löcher in den Steinen. Ich freute mich, ihr erklären zu können, wie man einst mit einer an einem Seil hängenden Zange die Steine ergreifen und heben konnte. Dafür habe man die Löcher gebraucht. Sie nahm aber meine Belehrung nicht an, denn in H., wo sie herkomme, habe es nach Fliegerangriffen auch solche Einschüsse gegeben. „Aber sie wurden bei uns längst sauber geflickt." Da hatte ich's! Ich ließ sie laufen.

Bevor ich mich von der Michaelskirche verabschiede, werfe ich noch einen Blick auf ein kleines Geheimnis. Neben der Eingangstüre zeigte sich, nachdem ein zerbrökkelnder Grabstein von der Wand abgenommen war, ein entzückendes von Laienhand aber gekonnt eingeritztes Bildchen. Es zeigt einen Jägersmann mit Stulpenstiefeln und umgehängtem Degen. Am hohen Hut trägt er eine Feder und auf der Schulter eine gewaltige Donnerbüchse. An langer Leine trabt ein Hund hinter ihm her. Es stammt wohl aus dem 17. Jahrhundert. Was soll der Jäger an der Kirche? Hat sich hier ein Waidmann verewigen wollen, oder ist es ein Spottbild auf einen Pfarrer, der gerne auf die Jagd ging? Es wird ein Geheimnis bleiben! Auch dieses Bildchen, das nur wenigen bekannt ist, kann als kleines Geheimnis gelten.

Nach einem letzten Blick darauf verlasse ich die Umgebung der Kirche und kehre zurück zu den Menschen und dem Betrieb unserer Stadt.

Dieser Beitrag wurde von Walther Küenzlen 1994 bei einer Ausschreibung des Heimatvereins eingereicht und prämiert.

Das Ding mit dem Barfuß

Von Elisabeth Leibfried

Im Mai 2012 waren die Gottesdienstbesucher, die sich anlässlich einer Konfirmationsfeier in der Michaelskirche versammelt hatten, nicht schlecht erstaunt, dass ein Mädchen sich tatsächlich barfuß konfirmieren ließ. „Gibt's denn so was? Warum macht die das?" Ja, und was sagt überhaupt die Pfarrerin dazu? Nach einigen kontroversen Diskussionen darüber, was sich in der Kirche gehört und vor allem, was sich nicht gehört, haben wir Elisabeth Leibfried – genannt Lilli – gefragt, was sie dazu bewogen hatte, bei ihrer Konfirmation keine Schuhe anzuziehen. Hier ihre Antwort:

Ich laufe barfuss, trotz der vielen Fragen, Gespräche, Warnungen und der gelegentlichen Kälte und des Rollsplitts und es hat seit der Grundschule, wo ich damit begonnen habe, für mich jedes Jahr an Wert gewonnen. Den Boden zu kennen, jeden kleinen Stein, das Gras, Rinde, Wasser, Sand, Kiefernnadeln, Tau, warmer und kühler Asphalt… manchmal ein bisschen unangenehm und bei spitzen Steinen sogar schmerzhaft, aber erträglich, ist für mich inzwischen elementar wichtig. Und so hat sich die Spanne, in der ich – fast komplett – auf Schuhe verzichte, geweitet, bis ich es dieses Jahr ohne große Unterbrechungen durchziehe.

Letztes Jahr, im Mai 2012, ließ ich mich, wie der Großteil meines örtlichen Bekanntenkreises, konfirmieren, und Monate davor

hatte ein Thema höchste Priorität: Was zieht man an? Ein schwarzes Kleid, für das man Diät halten muss, mit Rüschen, gerafft, gefaltet, mit Tüll, glänzend oder glitzernd… oder alles zusammen, die Konfirmand*innen müssen sich fühlen wie Prinzen und Prinzessinnen, denn dieser Tag ist besonders und wird es auf immer bleiben. Doch müssen an diesem Tag wirklich die „Trachten" in Erinnerung bleiben, da gäbe es doch wirklich mehr.

Nicht, dass ich mir je besondere Gedanken darüber gemacht habe bzw. Lust dazu hatte darüber nachzudenken, ich bin mit meiner Mutter zu einem Naturkleiderladen in Ingersheim gefahren: Frühlingsgrüner Rock und weißes Oberteil, darunter ein grünes, langärmliges Irgendwas. Und was hatte das alles mit

meinen Füßen zu tun? Eigentlich nichts.

Doch da gab es noch eine Frage, die sich fast genauso oft bei der Kostümfrage stellte: Welche Schuhe? Hohe Absätze oder flache Sohlen, schwarz, weiß, rosa, blau,…

Allmählich verlor ich wirklich die Lust mich mit diesen Themen auseinander zu setzen, die Welt hatte doch genug Probleme. Ich war genervt von diesem Zwang, mich wie ein panierter Lachs im Restaurant zu präsentieren und von diesem riesigen Prestigegebäude aus Überlegungen. Sollte es bei der Konfirmation nicht um innere Schönheit gehen statt um die Präsentation des Talents, Schminke aufzutragen, ohne durch deren Gewicht aus den 15-cm-Absatz-Schuhen zu kippen?

Ich wollte schlichter sein, eine kleine, persönliche Revolution gegen den Kleiderzwang führen, mich allein auf meine Umwelt an diesem Tag konzentrieren. Und so bin ich ohne Tüll, Glanz, Schminke, komplizierte Frisur... und ohne Schuhe in die Kirche gegangen. Nicht, dass es irgendwen verwundert hätte, es wurde eher erwartet. Nicht, dass es ohne einen kleinen „Disput" mit meinen Eltern verlaufen ist, doch meiner Konfirmandenpfarrerin gefiel die Idee: „Erdend", und damit war diese Sache geregelt.

Und was sollte irgendein Mensch gegen meine Entscheidung sagen? Mich dem Mainstream, wie so oft, zu verweigern, es ist MEIN Körper und ich entscheide darüber, wann ich was anziehe und wann nicht, denn – und jetzt werde ich das einzige mal in meinem Leben einen Til Schweiger Film zitieren: „Ich mag es nicht, meine Füße einzusperren" (oder so ähnlich jedenfalls).

Zwar haben „edle" Kleider für mich nicht so eine Bedeutung, anderen sind sie vielleicht wichtig und das ist auch zu tolerieren, genauso, wie ich als Barfüßlerin, Veganerin und Person mit einer Macke toleriert werden will...

Lilli auf der Mauer

Schreckensbleiche Architekten und sparsame Schwaben

Was uns erspart geblieben ist bei der Renovierung der Michaelskirche

Von Dekan i.R. Eberhard Gröner

Der gestirnte Himmel über mir, so Immanuel Kant, ist uns in der Michaelskirche zum Glück nicht vergönnt worden. Nicht, dass das Kirchendach verglast worden wäre, um den Nachthimmel sehen zu können – der damalige zuständige Konservator des Landesdenkmalamtes war in eine interessante Idee vernarrt gewesen. In jedem Zwickel des Maßwerks an der Decke sollte eine Lampe eingelassen werden, um einen Sternenhimmel zu symbolisieren. Dass ein Konservator, der eigentlich für den Erhalt historischer Bausubstanz angestellt sein sollte, dabei in Kauf genommen hätte, an vielen Stellen das intakte Deckengewölbe zu durchbohren, nur um einer geschmäcklerischen Idee nachzukommen, verstehe

wer mag. Zum Glück blieben die Jugendstilleuchten erhalten und für Chor und Orchester gab es eine andere, unauffällige Lösung.

Was nicht erspart geblieben ist, waren ein schreckensbleicher Architekt und der zugezogene Statiker. Als die Orgelempore geöffnet wurde, um die Statik zu überprüfen, wurde einiges festgestellt: Die Metallsäulen, die zur Unterstützung bei der letzten Renovierung aufgestellt wurden, waren reine Zierde. Sie waren nicht durchbetoniert und ruhten einfach auf den Bodenplatten, unter denen die Fußbodenheizung ihre wärmende Tätigkeit aufnimmt. Außerdem wusste kein Mensch,

was die Orgelempore statisch hält. Sie ist nicht eingebrochen, nicht einmal während des überfüllten Kirchentages mit kirchlicher Bewegung bis hinauf auf die Empore.

Das „Sach" hat mehr Verstand als der Mensch

Auch die Seitenemporen hatten sich langsam von der Wand gelöst. Aber die Kragsteine, auf denen sie auflagen, waren ja noch lang genug für die Helden vergangener Zeiten. Damit man die bedrohlichen Abstände nicht sehen konnte, nagelte man einfach Bretter davor. Und der Erfolg gab ja Recht, es hielt Jahrzehnte. Wie immer heißt es: Das „Sach" hat mehr Verstand als der Mensch.

Und erst das Maßwerk, das im Unterschied zu romanischer Bauweise nur eine zierende und keine tragende Funktion hat, es hielt, auch wenn es nicht hätte halten dürfen. Teilweise waren es nur Millimeter, an denen die Steine noch oben gehalten wurden. Und das in etwa 12 m Höhe. Die Schlusssteine wären wohl auch mit abgestürzt. Die Erstuntersuchung ergab etwa 400 Bohrungen, um das Maßwerk zu sichern. Am Ende waren es dann gut 1600, mit denen das Maßwerk am Gewölbe befestigt werden musste.

Jahrzehntelang wähnte sich die Gemeinde im Gottesdienst sicher. Das Argument, ein Kirchenbesuch könne gefährlich sein, stimmte leider. Jederzeit hätten schwere Steine in das Schiff stürzen können, so meinten auch die Steinmetze, die mit der Sicherung beauftragt wurden. Und die Gefahr war nicht neu, bei einer der früheren Renovierungen wurden die Schäden erkannt.

Was man nicht sieht, gibt es nicht

Das Maßwerk hatte sich schon mehrere Zentimeter gelöst, weil die Außenmauern nachgegeben hatten und sich die Deckengewölbe senkten. Was macht der sparsame Schwabe? Er gipst die Hohlräume zu, stopft Dachziegelreste rein und hofft, dass es hält. Was man nicht sieht, gibt es nicht. Auch eine Form des leichtsinnigen Glaubens.

Heute gibt es keine Gegenargumente mehr für einen Kirchenbesuch. Höchstens Pfarrer oder Pfarrerinnen predigen zu feurig. Aber man kann ja Abstand halten und sich in den hinteren Reihen sicher fühlen.

Schlusssteine aus dem Deckengewölbe der Michaelskirche

Anschubhilfe für die Daimler'sche Motorkutsche

Waiblingen motorisiert sich im ersten Viertel des 20. Jahrhunderts

Von Lothar Mayer

Die kleine Oberamtsstadt im Neckarkreis hatte um die Jahrhundertwende vielleicht 5000 Einwohner, so viel wie heute fast jeder unserer Teilorte. Die wenigen Fabriken waren an einer Hand aufzuzählen. Die Leute lebten von der Landwirtschaft. Es gab Handwerker, Gastwirtschaften, viel mehr als heute, und auch einige Kauflädchen, die meisten mit gemischtem Sortiment, d.h. man konnte dort alles kaufen, was man zum täglichen Leben brauchte, vom Kleiderstoff bis zum Kochsalz.

Das Automobil war gerade erfunden. Die „Motorisierung" ging sehr langsam vonstatten. Man brauchte in der Stadt keine Fußgängerzone, keine Verkehrsberuhigung und auch keine Einbahnstraßen.

Mein Onkel hat mir erzählt, dass er als Schulbub mit seinen Freunden am Sonntagmittag am Alten Postplatz gewartet hat, bis Gottlieb Daimler mit seiner Motorkutsche von Cannstatt kommend die Mayenner Straße herabfuhr, weiter in Richtung Schorndorf. Die Schulbuben rannten hinterher und schoben das Gefährt die Steigung bei der Geheimen Mühle hinauf. Der Motor allein schaffte diesen Berg nicht. Gottlieb Daimler gab jedem der Jungen 5 Pfennige. Das war für die Buben viel Geld. Eine Laugenbrezel oder eine gute Zigarre kostete 3 Pfennige und für 20 Pfennige erhielt man 7 Stück. Vermutlich standen dann in Hebsack bei der Kirche wieder Jungen, die die Daimler'sche Motorkutsche den Berg dort hinauf schoben.

Man war damals sehr sparsam. Ein Freund meines Vaters erzählte mir, dass er für seinen Vater Briefe in die umliegenden Ortschaften getragen hat, und dafür das Briefporto als Taschengeld behalten durfte.

Zurück zum Auto und der Weiterentwicklung der Daimler'schen Motorkutsche. In Waiblingen gab es bis zum 1. Weltkrieg keines dieser neuen technischen Errungenschaften. Aber in der benachbarten Residenzstadt

Die Daimler'sche Motorkutsche

wohnten reiche Leute, die damals schon ein Auto besaßen. Die Söhne der Stuttgarter „Hautevolee" fuhren damit auch nach Waiblingen. In unserer Nachbarschaft wohnte ein Bäcker, der oft vor seinem Haus stand und mit „Stielaugen" das Auto dieser jungen Leute bewunderte. Sie fuhren gemächlich durch die Straßen und hätten die Bedingungen unserer heutigen Verkehrsberuhigung glänzend erfüllt.

Einmal haben die jungen Stuttgarter das Interesse unseres Bäckers bemerkt. Sie hielten an und fragten ihn, ob er mitfahren wolle. Er war gleich bei der Sache und stieg ein wie er war, nämlich „hemdsärmlig", seine Bäckerschürze umgebunden, barfuß in „Schlappschuhen" (Pantoffeln). Er glaubte, er dürfe jetzt eine Rundfahrt durch Waiblingen erleben. Aber die jungen Leute wollten sich nur einen Scherz mit ihm erlauben. Sie fuhren nach Stuttgart, setzten ihn am Schlossplatz ab und lachten ihn aus. Unser Bäcker hatte kein Geld in der Tasche und wie er wieder nach Hause, ist nicht überliefert. Seinen Spitznamen hatte er aber weg. Von da an nannte man ihn den „Auto-Bäck".

Man nannte ihn den „Auto-Bäck"

Noch Anfang der zwanziger Jahre war ein Auto in Waiblingen eine Seltenheit. Die wenigen Personenwagen der Fabrikanten und der drei Ärzte waren vollgummibereift mit offenem Allwetterverdeck.

Daneben gab es Lastkraftwagen der Stuttgarter Brauereien, die die hiesigen Wirtschaften mit Bier in kleinen Holzfässern und mit Stangeneis zur Kühlung belieferten. Diese Lastwagen besaßen ebenfalls Vollgummireifen und einen Kettenantrieb für die Hinterachse. Darüber war ein abklappbarer Sporn angebracht. Wenn eine Kette riss, konnte der Chauffeur vom Fahrerhaus aus mit einem Seilzug den Sporn herunterlassen, so dass sich dieser in die Straße eingrub und das rückwärts rollende Auto zum Stehen brachte. Bei der hügeligen Topographie unserer Stadt bewährte sich diese Technik.

Die Straßen waren geschottert. Von Zeit zu Zeit kam eine Straßenwalze mit Dampfbetrieb und

walzte die geschotterte Straße wieder glatt. Dabei wurden auch die Löcher ausgebessert, die die Sporne der Bierwagen verursacht hatten.

Vor dem Rathaus war die Straße gepflastert, ebenso der Marktplatz. Wenn die Bierautos mit ihren Vollgummiriefen von der geschotterten Straße auf das Pflaster auffuhren, zitterten die alten Fachwerkhäuser wie bei einem kleinen Erdbeben.

Gegen den sommerlichen Staub auf den geschotterten Straßen wurde der städtische „Sprenzwagen" eingesetzt. Das war ein

Der Alte Postplatz um 1930

zweispänniger Pferdewagen mit einem großen Blechfass, das mit einem Jaucheschöpfer von Hand an der Rems mit Wasser gefüllt wurde. Bei der Fahrt durch die Stadt wurden die Straßen mit Wasser benetzt. Die Stadt hatte damals kein motorisiertes Fahrzeug außer dem Feuerwehrauto, einem roten Magirus, vollgummibereift. Die beiden Bänke für die Besatzung waren auf beiden Seiten längsseits angebracht. Dieses Fahrzeug konnte infolge geringer Motorleistung nicht allzu schnell fahren. Die Besatzung wäre sonst in jeder Kurve herausgeschleudert worden.

Verkehrsknotenpunkt Alter Postplatz. Bereits in den frühesten Karten, Stadtplänen und -ansichten ist der Bezirk vor dem „Fellbacher Tor" als Schnittpunkt wichtiger Verkehrswege und Umschlagsplatz für den überregionalen Güter- und Personenverkehr belegt.

Ab 1806 ist der Platz auch offiziell Anlaufstelle für die sogenannte „reitende" und „fahrende" Post zwischen Stuttgart und Schorndorf. Aus diesem Jahr datiert auch der erste regelmäßige Fahrplan des öffentlichen Personen-Nahverkehrs mit Haltestelle „Gasthaus Hirsch", dem späteren „Gasthof zur Post".

Ab Beginn des 20. Jahrhunderts trägt der Platz, an dem seit 1898 auch die erste öffentliche Telefonstelle in Waiblingen betrieben wurde, den Namen „Alter Postplatz".

Die veränderten städtebaulichen Anforderungen und die stetig steigende Verkehrsbelastung auf Waiblinger Straßen (bereits im Oktober 1929 wurden in der Kurzen Straße 758 Kraftfahrzeuge, 126 Motorräder, 124 Pferdefuhrwerke, 15 Kuhfuhrwerke, 448 Radfahrer und 110 Handwagen gezählt) machten in den 1930er, 1950er und späten 1960er Jahren mehrere Umgestaltungen des Verkehrsknotenpunktes am Eingang zur Altstadt notwendig, bis 2009/2010 der Platz komplett neu bebaut wurde und sein heutiges Gesicht erhielt.

Waiblinger „Dreiecksrennen" von 1951

Start und Ziel waren in der Schorndorfer Straße in der Nähe der Stadtwerke. Das Bild zeigt die B 14 Richtung Remsbrücken, an der heutigern AOK. Die Strecke ging dann rauf bis zur heutigen Tankstelle (ARAL), wieder runter zum Freibad und zuletzt wieder rein in die Schorndorfer Straße. Das sind drei Spitzkehren, daher der Name „Dreiecksrennen".

Ich sehe was, was du nicht siehst

Wenn Kinder fotografieren, entstehen oftmals ganz außergewöhnliche Bilder. Hier ist es der Blick von 9- und 10-jährigen Jungen und Mädchen an der Wolfgang-Zacher-Schule, die an einer FotoAG mit Ursel und Gerhard Sauerzapf teilnahmen und sich dabei fotografisch mit ihrer Stadt auseinandergesetzt haben. Als alle Bilder im Kasten waren und am Computer bearbeitet wurden, entstand die Idee eines Bilderrätsels. Sicher sind nicht alle Detailaufnahmen auf den ersten Blick zu erkennen und deshgalb gibt es zur Sicherheit die Auflösung mit Großaufnahmen und Adressen auf Seite 119.

1

2

3

4

5

6

7

8

9

10

11

12

13

14

15

16

17

18

19

Und immer suchst du nach Liebe und Frieden
Eine Kindheit im Osten Anatoliens

Von Ursel Sauerzapf

Aygül Aras

Vielleicht haben Sie das auch schon erlebt: Man meint, einen Menschen schon ewig zu kennen, kann sich aber nicht mehr an die ersten Begegnungen erinnern. So geht es Aygül und mir.

Meine Berufstätigkeit bei der Stadtverwaltung Waiblingen brachte es mit sich, dass ich viele Menschen kennenlernte, die in den unterschiedlichsten Bereichen ehrenamtlich tätig waren. Aygül Aras war eine von ihnen. Auch nach meiner Berufstätigkeit blieben wir in Kontakt und unsere Begegnungen bauten sich langsam zu einer Freundschaft aus, die heute noch besteht. Im Frühjahr 2012 bot sich mir die Gelegenheit, ihre Heimat in Ostanatolien kennenzulernen, so dass ich mir das von ihr Erzählte bildhaft vorstellen kann.

Ihre Kindheitsgeschichte ist keine leichte Kost und die Gespräche gingen uns beiden oftmals sehr nahe. Es ist eine Geschichte voller Hoffnung, auf ein besseres Leben, auf Bildung und vor allem Hoffnung auf Liebe und Frieden. Und es ist eine Geschichte über eine Frau, die ohne ihren starken Willen und ohne ihre Durchsetzungskraft vielleicht schon längst zerbrochen wäre.

Wann Aygül Aras geboren wurde, weiß niemand so genau. Auch ihre Mutter nicht. Die Blätter der Bäume waren gelb; war es Ende September, Anfang Oktober, 1958 oder 1959... wer weiß?

Gewiss ist, dass sie als siebtes von elf Kindern geboren wird, in eine Welt hinein, die auch für die Kinder aus Arbeit bestand. Bereits die unter Fünfjährigen müssen aufeinander aufpassen. Mit sechs kann man schon das Wasser am Brunnen holen, Feuer machen, Tee kochen. Spätestens dann sind Kinder keine Kinder mehr, sondern Familienmitglieder, die zu arbeiten und Aufgaben zu verrichten haben. Nach dem Wohl der Kinder wird nicht gefragt. Spielsachen, so wie wir sie kennen, gibt es selbstverständlich nicht. Die Kleineren bauen zusammen mit den älteren Geschwistern Puppen, irgendwie, aus kleinen Holzstücken. Puppenkleider werden aus alten Klamotten geschneidert, Murmeln durch Steine ersetzt. Von Fernsehen und Radio keine Spur, gab es doch erst 1983 einen Stromanschluss im Dorf – wer kann sich das vorstellen? Aber viel Zeit zum Spielen bleibt neben der Arbeit sowieso nicht übrig.

Etwas Besonderes für die Kinder gibt es, wenn der Vater in die Stadt geht und Obst mitbringt. „Darüber haben wir uns gefreut". Nur: jeder Apfel oder jede Orange muss an mindestens zwei Kinder verteilt werden. Und diese Stückchen, Raritäten, die es so schnell nicht wieder geben wird, werden so lange wie möglich angeschaut, die Gier und der Heißhunger wird erst eine Weile unterdrückt, bevor sie mit viel Genuss verspeist werden. Besonders gut gegessen wird dann, wenn die alevitische 12-tägige Fastenzeit vorbei ist, wenn Hochzeiten gefeiert werden oder wenn geschlachtet wird.

Sind die Kinder zwischen 7 und 10 Jahre alt, übernehmen sie Verantwortung für die Tiere, hüten Ziegen und Schafe vor allem dann, wenn Ende April/Anfang Mai der Frühling ins Land zieht und die Familie sich aufteilt. Bis Ende Oktober lebt ein Teil der Kinder wie gewohnt im Haus, kümmert sich um die Arbeit im Garten und auf den Feldern, während der Vater und die ältesten Söhne zur Arbeit in den Westen der Türkei reisen. Die Mutter zieht in der Zeit mit den anderen Kindern, mit 20-30 Ziegen und 6-7 Kühen in die Berge. Je nach Stand der Vegetation wandert der Konvoi aus 6-10 Familien auf die Sommerweiden, beginnend in den Flusstälern und langsam in die Höhe wandernd. So wird das Quartier während eines Sommers 3-4-mal gewechselt.

104

Die Menschen leben in dieser Zeit in Berghöhlen. Dort wird auf einer dünnen Decke geschlafen, dort wird gekocht und gearbeitet. Und dort halten sich während der Mittagshitze auch die Tiere auf.

In der Dämmerung und noch vor Sonnenaufgang, beginnt das Tagwerk – auch für die Kinder. Der Joghurt, der am Abend zuvor aus der gemolkenen Milch gewonnen wurde, wird in einen Lederbeutel geschüttet und ausgepresst. Die Flüssigkeit wird zur Herstellung von Ayran verwendet, dieser wiederum zu Käse verarbeitet. Und der Inhalt des Beutels wird zu Butter verarbeitet – Schwerstarbeit für Erwachsene und erst recht für Kinder.

Verbunden mit einem Fußmarsch von bis zu 3 km muss noch vor dem Frühstück das Wasser für Mensch und Tier aus dem Fluss geholt werden, Holz gesammelt, Feuer gemacht und Tee gekocht werden.

Tiere und Kinder werden immer im gleichen Atemzug genannt: Tiere hüten und auf Kinder aufpassen! Rechte haben eher noch die Tiere – sie sorgen schließlich für den Lebensunterhalt – denn die Kinder. Wann müssen die Ziegen nach Hause geführt werden? Wann ist Zeit zum Melken? Wann Mittag? Wenn der Schatten drei Fußlängen von der Fußspitze weg reicht, ist es Mittag, Zeit also, um die Ziegen zum Melken nach Hause zu führen.

Zwischen ein und drei Uhr, dann, wenn die Hitze am größten ist, ist Siesta – die Tiere halten sich in der Höhle auf, Mutter und Kinder ernähren sich von Ayran oder Käse und Brot, gönnen sich aber keine Pause. Das Feuer muss brennen um Brot backen zu können, die Milch wird verarbeitet, Wasser geholt – auch wenn die Mutter aus wichtigem Grund ins Dorf gerufen wird. 5-6 Tage sind dann die Kinder mitsamt der Arbeit auf sich allein gestellt; entschlossen übernimmt Aygül die Verantwortung, für ihre Geschwister, die Tiere, die Arbeit – Ehrensache für ein 10-jähriges Mädchen!

Bedingungslose Geschenke gibt es nicht. Beschenkt wird man, wenn man gut gearbeitet hat, dann gibt es vielleicht ein neues Kleid oder neue Schuhe. Ähnlich wie bei den Apfelstückchen, werden auch diese Schuhe nicht gleich getragen, wohl wissend, dass sie für eine lange Zeit halten müssen.

„Ich sehe mich noch heute barfuß laufen, ich hatte die Schuhe bei mir, fest an den Körper gedrückt. Ich wollte sie einfach nur schonen". Das hat sie bis heute geprägt.

Fladenbrot backen am offenen Feuer

„Klar sollt ihr zur Schule gehen" – so die Eltern, aber nur dann, wenn die Arbeit in Haus und Hof dadurch nicht beeinträchtigt wird. Das neue Schuljahr beginnt im September, da sind vor allem die Mädchen noch auf den Sommerweiden beschäftigt. Erst nach Einbruch des Herbstes bis zu Beginn des Frühjahrs ist ein Schulbesuch möglich. Und auch das nicht durchgängig, denn auch in den harten und schneereichen Wintermonaten, ist ein Besuch der Schule nicht immer möglich.

Was lernt man in fünf Schuljahren, die jeweils nur aus zwei bis drei Schulmonaten bestehen? Aygül lernt Schreiben, Lesen und Rechnen und hat irgendwie zusammen mit ihren Schwestern die Schule bestanden. Nachgeholfen wird mit Eiern, Butter, Brot und Käse aus heimischer Landwirtschaft, aber auch mit Arbeit, die für die Familie des Lehrers verrichtet wird: deren Wohnung sauber halten, Holz machen, auf die Kinder aufpassen – was für eine Schulzeit!

„Die Mädchen" so Aygül, „sind nichts geworden." Erst später unter eigener Regie können die Mädchen einen Beruf erlernen. Anders dagegen ist es bei den Jungs. Sie gehen regelmäßiger zur Schule, machen Abitur, studieren, werden Anwälte, Akademiker eben.

Mit ihrem Wissensstand und gemeinsam mit ihrer Schwester – beide wollen unbedingt weiter die Schule besuchen – wagt sich Aygül nach Ankara, dorthin, wo ihr Bruder lebt. Krasser kann der Unterschied nicht sein: bislang das Leben auf dem Land, barfuß auf Sommerweiden – „Wir hatten unsere schwarzen Gummistiefel und ein paar einfache Kleider von zu Hause mit dabei" – hier nun die hübsch angezogenen Mädchen, Schuhe mit Absätzen, schöne Strumpfhosen, Schuluniformen. Und dazu noch der Bruder, der selbst kein Geld hat, kein gutes Leben führt und all die Härte und Brutalität, die die beiden Mädchen von zu Hause her schon kennen, an sie weitergibt.

Und so beginnt alles wieder von vorn: zurück ins Dorf, Höhlenwohnen, Tiere hüten und immer wieder Träume, wie alles doch vielleicht anders werden könnte. Weg von den Eltern, weg vom Dorf, trotz der bis heute anhaltenden innigen Liebe zur Natur. Träume vom Lernen, von Bildung, Träume von Frieden, von Liebe – nicht nur die Liebe von und zu den Tieren.

Und welche Gefühle herrschen vor, wenn Aygül die Zeit ihrer Kindheit noch einmal Revue passieren lässt? Schweigen, Tränen und eine lange Zeit, bis sie sich zu einer Antwort durchringen kann: „Die Zeit war halt so". Die Eltern waren das Maß aller Dinge. Es gab weder Fernsehen,

Radio oder Zeitungen wo man etwas anderes hätte erfahren können. Kinder beobachten sehr genau und ziehen daraus ihre Schlüsse, die der Religion ebenso wie die von Diskriminierung und Unterdrückung.

Auch heute noch fällt es Aygül sehr schwer, über die vielen Ungerechtigkeiten in der Erziehung zu sprechen, die vor allem den Mädchen widerfahren sind. Über die mangelnde Hinwendung, die gerade dann notwendig gewesen wäre, als die Mädchen zu Frauen werden, die fehlende Hygiene in diesen Monatstagen und von Aufklärung keine Spur.

Aygüls Geschichte erinnert mich stets an meine Mutter. Auch sie ist mit zehn Geschwistern aufgewachsen, auch in einem Bauernhaus, auch ohne Liebe. Nur ist meine Mutter 1908 geboren, Aygül dagegen 50 Jahre später. Hat es eine solche Kindheit schon immer gegeben? Und ist so ein Leben auch heute noch, im Europa des 21. Jahrhunderts möglich? Wahrschenlich schon.

Aygül Aras ist seit 2011 Mitglied im Integrationsrat der Stadt Waiblingen.

Sie erhielt 2007 den Waiblinger Ehrenamtspreis, 2008 und 2011 die Anerkennungsurkunde beim Bürgerpreis Rems-Murr und 2008 eine Auszeichnung bei „Echt gut! Ehrenamt in Baden-Württemberg".

Beeindruckende Berglandschaft in Dersim

Wenn das Glaube ist...

Ursel Sauerzapf im Gespräch mit Aygül Aras

Kennt man nur die Herkunft und die Kindheit Aygüls, so wäre der Rest ihres Lebens auch so vorstellbar: Heirat, Kinder, Unterdrückung in der Ehe, kein eigenes Einkommen, keinen eigenen Willen, Schwerstarbeit in der Landwirtschaft. Im besten Fall Auswanderung nach Europa und zumindest finanziell ein besseres Leben.

Wie und warum kamst du nach Deutschland?

Mein späterer Schwiegervater, damals Gastarbeiter in Deutschland, holte seinen ältesten Sohn nach Deutschland. Hidir hatte Abitur, er sollte die deutsche Sprache lernen und mit einem Studium beginnen.

Hidir aber ging ohne den Vater wieder zurück nach Dersim. Dort lernten wir uns kennen, konnten aber keine Existenz aufbauen, geschweige denn eine Familie gründen. Alle Lebensgrundlagen fehlten und es gab längst nicht genug zu essen. Aber nicht nur das. Die politischen Auseinandersetzungen nahmen zu und vertrieben viele Leute aus dem Land. Auch an ein Studium war nicht zu denken, da viele Universitäten die jungen Leute aus Dersim nicht nahmen.

So ließen wir Hals über Kopf alles stehen und liegen, verließen unsere Heimat, und heirateten in Deutschland.

Ist es richtig, dass deine Lebensgeschichte eng mit der deines Heimatlandes verbunden ist?

Ja, vielen ging es so wie uns. Kurden wurden unterdrückt, ihnen blieb nur noch die Auswanderung oder gar die Flucht vor Verfolgung. In Dersim wurde nichts mehr investiert. Mangelnde Schulen, keine Industriealisierung. Die Menschen dort traf es besonders hart, weil sie zudem einer anderen Religion – 90% sind Aleviten – angehören.

Während meiner Schulzeit waren immer Soldaten im Haus meiner Eltern oder in der Schule. Beteiligten sich die Menschen an politischen Auseinandersetzungen oder an Demonstrationen, wurden umgehend Hausdurchsuchungen gemacht. Auch mein Vater wurde einmal mitgenommen. Das ganze Gebiet von Dersim ist heute noch militärisch besetzt.

Die Bevölkerung deiner Heimat hat sich seit 1975 halbiert. Ist es, wie bei dir, die nackte Existenz, die die Leute ins Ausland treibt?

Ja. Die Generation meiner Eltern, war schon Anfang der 60er Jahre in Deutschland. Da herrschte in Dersim eine hohe Arbeitslosigkeit. Sie wollten eigentlich nur Geld verdienen um wieder zurückgehen und sich in der Heimat eine Existenz aufbauen zu können. Ende der 70er, Anfang der 80er Jahre verschärfte sich die politische Situation, und die zweite Generation, zwischenzeitlich sehr gut ausgebildet, verließ wegen Unterdrückung, Verhaftung, Folter und Mord das Land.

Das Problem ist immer noch nicht gelöst, im Gegenteil, die Situation verschärft sich immer mehr. Beispiele von Gefängnisstrafen, Folter und Mord gibt es zuhauf.

Siehst du dich als eine Zerrissene zwischen zwei Welten oder eher als Weltbürgerin?

Ich bin stolz, eine Kurdin aus Dersim zu sein. Warum? Weil ich wegen diesen Ungerechtigkeiten und wegen Unterdrückung stark geworden bin. Als Kind wurdest du in der Schule geschlagen weil du verbotenerweise deine Heimatsprache gesprochen hast. Und du wusstest nicht, warum. Es gab ja kein Fernsehen, kein Radio, keine Zeitungen; man lernte, was die Eltern vorlebten.

Und dann kommst du nach Deutschland und erfährst in den Medien, dass es in anderen Ländern ebensolche Ungerechtigkeiten gibt. Ich fühle mich mit diesen Menschen, egal wo auf der Welt, verbunden. Deshalb bin ich eine Weltbürgerin.

Wie sähe dein Leben aus, wenn du in Dersim geblieben wärst?

Ich wäre wahrscheinlich ins Gefängnis gekommen. Ich kann nicht mit Ungerechtigkeit und Unterdrückung leben, ohne mich zur Wehr zu setzen. Menschen, die sich in Dersim zur Wehr setzen, die kämpfen, die sich nicht anpassen, werden unweigerlich gefoltert und eingesperrt.

Und wie sähe es aus, wenn du heute wieder zurück gingest?

Ich könnte gut in Dersim leben, auch ohne Angst. Und ich könnte, aufgrund meines ehrenamtlichen Engagements, den Menschen dort ein Vorbild sein.

Aber: Wer aus Deutschland kommt, wird automatisch als reicher Mensch angesehen. Das bin ich nicht, weshalb ich die armen Menschen nicht so unterstützen könnte, wie ich es gerne wollte.

Wie siehst du die Zukunft für deine Heimat?

Ich sehe die Zukunft in keinem rosigen Licht. Keine Heimatsprache, keine freie Meinungsäußerung, keine Religionsfreiheit. Ich kann beobachten, dass politisch Engagierte plötzlich fehlen. Auf Nachfrage erfahre ich dann, dass sie im Gefängnis sind.

Solange das kurdische Problem nicht gelöst ist, wird sich daran nichts ändern.

Du bist Alevitin. Lebst du deinen Glauben und wenn ja, wie?

Um diese Frage beantworten zu können, möchte ich ein Kindheitserlebnis erzählen: Als Kind beobachtete ich meine Eltern, wie sie jeden Morgen bei Sonnenaufgang auf den Balkon gingen um zu beten. Sie beteten zuerst für die Welt, dann für die Nachbarn und das ganze Dorf, dann erst für sich und die Familie.

Wenn das Glaube ist, so lebe ich das heute noch.

Du lebst seit 1981 in Waiblingen, du hast hier Freunde aller Nationen und engagierst dich über alle Maßen. Wie hat alles angefangen und warum tust du das?

Die internationale Frauengruppe war meine erste Anlaufstelle. Das Wort „international" hat bis heute auf mich eine ganz besondere, die Menschen einende Wirkung. Aus dem heraus entwickelten sich viele Aktivitäten, etliche davon können als „Nachbarschaftshilfe" bezeichnet werden: Aus diesen Aufgaben heraus entwickelte sich der „Internationale Familientreff" auf der Korber Höhe. Aufgaben im Asylcafé, in der Waiblinger Tafel und in der Internationalen Mutter-und-Kind-Gruppe schließen sich an.

2011 habe ich begonnen, Reisen zu organisieren, um Menschen meine Heimat zu zeigen und ich gründete mit Manfred Künzel den Verein „Freunde helfen Freunden e.V." mit dem Ziel, den Opfern des Erdbebens im Osten der Türkei zu helfen. Warum ich das alles mache? So lebe ich meinen Glauben.

Aygül Aras unterwegs in Van bei den Opfers des schweren Erdbebens

Was gefällt dir an Waiblingen und was macht dich zu einer Waiblingerin?

Die Umgebung von Waiblingen, der Fluss, die hügelige Landschaft gefallen mir sehr. Ich freue mich, alles fußläufig erreichen zu können. Ich liebe die Natur, die Felder zwischen Beinstein, Korb und Waiblingen.

Viele Menschen haben mich ohne Vorurteile und mit offenen Armen aufgenommen. Ich fühle mich wohl, weil ich meine Meinung frei äußern kann. Ich habe hier viele Freunde und das Gefühl, fast ganz Waiblingen zu kennen. Das macht mich zu einer von hier.

Meinen kurdischstämmigen Sitznachbarn fragte ich beim Flug nach Anatolien, ob er nun in seine Heimat fliege oder von seiner Heimat komme.
Er antwortet: „Ich fliege dahin, wo meine Wurzeln sind, aber ich komme von meiner Heimat".

Jesuslatschen als Unterwanderstiefel
Marktgespräche oder: Wie Frieder Bayer die Waiblinger Welt ein bisschen besser macht

Von Gise Benkert

Ein Mann hält hof. Er sitzt auf dem Mäuerle vorm Marktdreieck, leicht vornübergebeugt. Das kommt von der Last auf den Schultern. Aber auch vom Schalk im Nacken. Er ist ein großer, stattlicher Mann in grobem Strick mit mächtigem Kinn und viel Haar ums Gesicht.

Wenn jetzt der Regisseur von Oberammergau vorbeikäme, könnte der ihn vom Fleck weg engagieren. Nicht als Messias, so weit sind wir noch nicht. Aber als Mensch mit Passion.
Der Duden erklärt Passion als „leidenschaftliche Neigung zu

etwas". Dieser Mann will nicht mehr und nicht weniger als die Welt ein bisschen besser machen am Samstagmorgen auf dem Waiblinger Wochenmarkt. Ein Heilsbringer zwischen Hauswurz-Setzling und Hustenanfall. Predigen muss er zum Glück nicht, dafür ist er zu maulfaul. Aber die Leute kommen zu ihm und fragen. Allerlei zwischen Fassadenbegrünung, Schweizer Wohnbaugenossenschaften und dem nächsten Termin vom Streuobstmobil. Grad steht eine Frau da und will wisssen, welches Wurm-Mittel sie ihrem Esel auf Sardinien verabreichen soll. Marktgespräche mit Frieder Bayer.

Das Wurmmittel hat er nicht gewusst, aber einen, der's weiß. So gehen sie alle zufrieden von hinnen, froh, dass es so einen gibt. Frieder Bayer ist „authentisch". Will heißen: Da lebt einer, was er schwätzt. Und das voller Lebenslust und knitzem Charme – erstmal gut versteckt hinterm Alltags-Waldschrat mit nackten Füßen und Schlafaugen auf Halbmast.

Frieder Bayer, 56, ist gelernter Landschaftsgärtner, hat Gartenbautechnik studiert, eine Ausbildung zum Waldpädagogen gemacht und lebenslang vom Kollektiv geträumt – „des isch end Hos ganga, i han gschafft ond andere hends verbraucht".

Keimzelle aller Kollektive war mal seine Männer WG im Endersbacher Biegel. Die Mit-Bewohner Günne, Matte und Hardy schwärmen noch heute von den Schimmelpilzkulturen in der Küche. Und von Frieders „grüner Höhle", einem dermaßen zugewachsenen Zimmer, „dass er sich morgens regelrecht rauskämpfen musste". Mag auch damit zusammenhängen, dass das Kollektiv sich nächtelang dem „Risiko"-Spiel hingab. In der Früh „send die andere no ens Bett ond i end

Schul". Das konnte nicht gutgehen – „ich hab in der WG meine Fachhochschulreife verzockt". Vollends, als ihm ein Lehrer bei der Matheprüfung indiskutable Fragen stellten. „Sie wissed doch genau, dass i des ned woiß", hat er ihn beschieden. Klarer Fall von Leistungsverweigerung - und tschüs.

Die akademische Karriere war perdu, ned weiter schlimm. Dem grünen Zimmer entwachsen, sattelte er um von Flora auf Fauna: „Ich wollte Schäfer werden". Er heuerte an auf dem Finkhof-Kollektiv im Allgäu, das war damals noch ziemlich romantisch, heute ist der Finkhof ein profit-orientieres Unternehmen im gehobenen Biosegment. Und außerdem: „Da päppelt man die Viecher und dann frißt man sie."

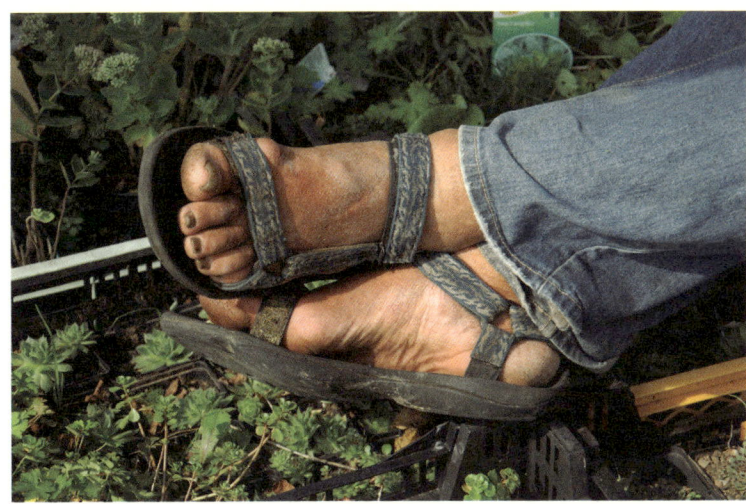

Bayer war bald wieder daheim im Remstal. Kollektiv-kuriert hat er geheiratet und wurde zum Privatunternehmer.

Vom Absatz der bescheiden übern Marktkistlesrand guckenden Sedum (vulgo Fetthennen) kann er natürlich nicht leben. Die sind eher Lockstoff für neue Gesamtkundschaft, Bayer pflegt diverse Gärten und Stückle, nur bei Försters in Schnait will er nicht mehr mähen: „Zu viele Hornissen". Die machen ihm tierisch Angst, „des send Aasfresser".

Seit 20 Jahren stehen Bayers Saatgüter und Setzlinge ganz beiläufig an der Seitenflanke vom Buch-Hess und meist steht er selber gar nicht dabei. Frieder Bayer ist ein Flaneur, man trifft ihn beim Staiger und beim Häußermann, da klopft er den aktuellen Geschäftsklimaindex ab, schließlich ist er Sprecher der Waiblinger Marktbeschicker und dass die just ihren vermeintlich größten Schweiger dazu gemacht haben, spricht Bände. Bei all seinem Öko-Absolutismus beherrscht er auch das pragmatische Dünnbrettbohren. Und Angst vor der Obrigkeit ist ihm so fremd wie, sagen wir mal, die Fußnagelschere.

„Der kommt sowieso bloß uffda Markt zom Schwätza", sagen sie ihm nach. Stimmt so nicht ganz- erst muss man ihn ansprechen. Was er denn vom grünen Ministerpräsidenten Kretschmann halte, fragt gerade ein Ehepaar. Bayer hält es mit Tucholsky: „Sie dachten, sie seien an der Macht, dabei sind sie bloß an der Regierung". Das Paar blickt ratlos und schickt schnell die S-21-Frage hinterher. Langes Schweigen, und also spricht Frieder Bayer: „Das ist ein bisschen wie beim Neckar-Fils-Kanal". Äh-ja…dessen Trasse, so geben wir jetzt mal im Zeitraffer wider, sei einst im 18. Jahrhundert geplant gewesen, sogar mit einem riesigen Schiffshebewerk. Erst Lothar Späth hat diese Trasse wieder aus dem Plan gestrichen – hundert Jahre war sie freigehalten worden. „So ist das mit Großprojekten, die sind längst vorbei und man hält unverdrossen an ihnen fest". Klingt das resigniert? Nö, Bayer at it's best: „Die baued halt jetzt, ob's nachher funktioniert, wird man sehen".

1979 am Rhône-Strand in Saintes-Maries-de-la-mer. Ein paar junge Leute und die Frage: „Was welled mir em Läba?" Jung-Frieders Credo: „Ich will dafür

sorgen, dass die Gesellschaft sozial gerecht und im Ausgleich mit der Natur lebt". 1984 hat er Brunnen gebaut für ein kleines Dorf in Nicaragua, 93 hat er im Bosnien-Krieg auf der Insel Brac bei Split Flüchtlingslager winterfest gemacht und mitgeschafft bei einem internationalen Projekt zur Kinderbetreuung in einer alten Disco. Das waren die einzigen Ausreißer aus dem Remstal lebenslang.

Daheim hat Frieder Bayer längst den Marsch durch die Institutionen angetreten. Ganz im Sinne von Gewerkschaftsboss Willy Bleicher: „Wer was ändern will, muss in Ämter gehen – aber immer schauen, dass die Ämter ihn nicht verändern". Draus geworden ist ein Fall von Ämterhäufung, der seinesgleichen sucht. Gewählt, abgewählt, wiedergewählt oder

auch nicht – kompromisslose Maximalforderungen versus diplomatische Geschmeidigkeit.

Aus der Bezirksjugendgruppe der Gewerkschaft Gartenbau-Land- und Forstwirtschaft wurde er rausgedrängt, „weil ich die Arbeiterselbstverwaltung gefordert hab statt der Mitbestimmung." Zusammen mit Martin Kuhnle, Susanne Fauth-Rank und Harald Beck („wir waren die Ifa") hat er von Gmünd aus Mutlangen-Demos organisiert. „Bis die Cracks aus Frankfurt kamen mit Pressehütte und so" und die einheimischen Handgestrickten professionell überrollten.

Bayer war mal Sprecher im Kreisverband der Jugendzentren, „aber wir wollten das alles politischer". Beispiel Drogen: „Wir haben damals gefordert, was heute Sache ist: 60 Experten sind

Wolfram Lust,
Chef der Buchhandlung Hess:

„Als Schulerbua war dieser riesengroße und starke Bursche für mich das Bild von Urgewalt. Selbst das vorspringende Kinn passte dazu. Zwischenzeitlich hatte ich ihn aus den Augen verloren, irgendwann ist er wieder aufgetaucht als Grüner, als relativ unverkrampfter Grüner, wie ich finde. Und er ist ein Lebenskünstler, er ruht in sich. Sein Eintreten und Auftreten bei der IHK zeigt, dass er die Phantasie besitzt, an verschiedenen Hebeln zu drehen."

beim Kreisjugendring angesiedelt". Aber damals „war das halt noch eher ein Reise- und Spaßunternehmen". Einen Tag vor der Bundestagswahl 1983 ist er bei den Grünen eingetreten, „ich wurde immer abgewählt im Kreisvorstand und nach einem halben Jahr wieder reingewählt". Streitpunkt unter anderem: Bedürfnislohn oder Bedarfslohn. Im Protokoll stand „Vorstand: fünf Mitglieder und Frieder Bayer".

Talauenbeweidung mit Hinterwäldlern, Jugendfarm auf dem Finkenberg, das Züchten weißer Tomaten und blauer Kartoffeln im Verein zur Erhaltung der Nutzpflanzenvielfalt: Wo's kreucht

und fleucht und grünt in der Stadt hat Bayer seitdem Herz und Finger drin.

„Zauselbart mischt IHK auf" hat unlängst eine Zeitung getitelt. Wider die gut vernetzten Strippenzieher aus der Großwirtschaft sitzt neuerdings auch ein Landschaftsgärtner in Birkenstöckern neben den Bossen von Kärcher und Stihl.

Jesuslatschen als Unterwanderstiefel: Ein Pro S-21-Werbebanner an der Fassade des Stuttgart-Sitzes der Industrie- und Handelskammer, dazu im Serviceangebot eine Schulung für Geschäftsführer „Wie verlagere ich meine Firma effektiv ins Ausland" – das war zuviel. Ein paar kleine Wutunternehmer haben sich zur „Kaktusgruppe" zusammengestupft. Für die anderen, die Großen und Etablierten, waren sie bloß eine Handvoll Bürger mit Gewerbeschein. Jetzt sitzen sie, handstreichartig reingewählt, mit drin in der Bezirksversammlung und stellen freche Anträge. Zum Beispiel den nach öffentlichen Sitzungen. Wir nehmen, sagen sie treuherzig, „bloß unser demokratisches Recht wahr". Bayer glucksend: „I fend's halt luschdig".

Nicht immer vergnügungssteuerpflichtig: Frieder Bayers Ehrenamt

als Gemeinderat der Grünen. Er hat für die Bebauung des Wasens gestimmt und damit fürs Fällen der uralten Baumriesen, „das kratzt mich immer noch". Gruppendruck? Zuviel kommunalpolitischer Pragmatismus? Sein Kopf geht zur Seite, verschwindet fast zwischen den Schultern. Das Schweigen dauert. „Ich frage mich schon, wo ich manchmal mehr erreicht habe, hintenrum oder offiziell." Schweigen, lange. „Oifach isch des ned". Immer alles nach drei grünen Kern-Kritereien abzuklopfen: „Umweltschutz, Soziales, Wirtschaftlichkeitsfaktor – Nachhaltigkeit eben." Und die ist dehnbar in viele Größen. Bayer nennt ein Beispiel: Parkdeck bauen oder lieber eine Biogas-Mais-Monokultur anlegen? Auf den ersten Blick vielleicht ein klarer Fall- auf den zweiten mitnichten: Stichwort Artenvielfalt – „um das Parkhaus kann sich was entwickeln, beim Mais ned".

Und nun, Herr Bayer? Haben die Ämter ihn verändert? Er drückt seine Zigarette aus im Marktkistle zwischen Sedum und Sempervivum. „Es hat sich sehr viel bei mir verändert. Wir sind alle älter geworden und angepasster. Aber heute werde ich von den Leuten angesprochen und ernst genommen".

Nick, Ben und Lasse beim Murmelspiel

Kinderspiele
Ein kleiner Ausschnitt

Gesammelt von Ursel Sauerzapf

Schon die alten Römer hatten's drauf: Wettläufe, Ball- und Würfelspiele gab es schon längst vor unserer Zeitrechnung. Gespielt wurde also schon immer, auch in Waiblingen.

Wir haben uns umgehört und ein paar alte Spiele gesammelt. Spiele, die vor allem draußen, gespielt wurden. Der Platz dazu war die Straße, kein Problem, waren doch Autos vor rund 50 Jahren Mangelware. Vorgefertigte und durchgestylte Spiel- und Bolzplätze kannte man damals noch nicht. „Uff dr Gass", war allgemeiner Treffpunkt, wer kam, spielte mit, je mehr desto besser. Viel brauchte man ja nicht dazu.

Und nun, Lust zum Nachspielen? Ganz einfach: Fernseher ausschalten, Buch zuklappen, Schuhe anziehen, Seil, Ball, Kreide und Mitspieler schnappen… und los geht's! Wir wünschen viel Spaß dabei.

Ringlein, Ringlein du musst wandern

Die Kinder bilden einen Kreis, in der Mitte steht ein Kind. Die Kinder legen die Hände flach gegeneinander, einer hat den Ring, der, so lange der Vers gesagt wird nun von einer Hand zur anderen wandert.

Ringlein, Ringlein
du musst wandern
von dem einen Ort zum andern.
Da ist's herrlich, da ist's schön,
Ringlein lass' dich nur nicht sehn.
Nun rate mal du liebes Kind
wer hat den wunderschönen Ring

In dem Moment wird der Ring nicht mehr weitergegeben und das Kind in der Mitte muss erraten, in welcher Hand sich der Ring befindet.

Teddybär (Seilspiel)

Dazu wird ein langes Seil benötigt und zwei Kinder, die das Seil schwingen. Alle Kinder sagen folgenden Vers auf, währenddessen der Springer die in dem Vers vorkommenden Aufgaben erfüllen muss:

Teddybär, Teddybär – dreh' dich um
Teddybär, Teddybär – mach' dich krumm
Teddybär, Teddybär – zeig' ein Bein
Teddybär, Teddybär – mach' dich klein
Teddybär, Teddybär – zeig' ein Schuh
Teddybär, Teddybär – wie alt bist du

Fischer welche Fahne weht heute?

Ein Kind ist „Fischer", der sich im Abstand von ca. 20 – 30 Meter den anderen Kindern gegenüber aufstellt. Das Spiel beginnt, indem alle sich an der Startlinie befindlichen Kinder rufen: "Fischer, welche Fahne weht heute?" Der Fischer antwortet mit dem Nennen einer Farbe.
Jetzt starten alle Kinder auf der Startlinie in Richtung Ziel und der Fischer Richtung Startlinie. Der Fischer darf sich nicht rückwärts bewegen, das heißt, er muss auf direktem Weg zur anderen Seite gelangen. Alle Kinder, die die genannte Farbe deutlich sichtbar in ihrer Kleidung finden sind sicher und dürfen zur anderen Spielfeldseite gehen. Die Teilnehmer, die diese Farbe nicht haben, versuchen zur anderen Seite zu rennen, ohne von dem Fischer gefangen zu werden. Diejenigen, die gefangen wurden, helfen dem Fischer bei seiner Arbeit.
Das Spiel endet, wenn alle Teilnehmer gefangen wurden.

Kaiser wie viel Schritte gibst du mir

Alle Spieler stehen nebeneinander in einer Reihe. Nur ein Spieler, der Kaiser, steht allein in einem großen Abstand und mit dem Rücken zu ihnen. Ein Spieler nach dem anderen ruft: „Kaiser, wie viele Schritte darf ich gehen?" Der Kaiser bestimmt nun, wer wie viele Schritte gehen darf. Sagt er zum Beispiel: „Rot darf vier Riesenschritte* gehen", dürfen alle Spieler, die irgendetwas Rotes anhaben, vier große Schritte gehen. Mogeln ist erlaubt, aber wehe, der Kaiser dreht sich blitzschnell um und merkt's! Dann muss der Spieler, der gemogelt hat, zurück an die Startlinie. Der Spieler, der als Erster beim Kaiser ankommt, ist in der nächsten Runde Kaiser.

*Riesenschritte, Hühnderdäpperle, Hüpfer, etc.

Rüber und nüber und nemme zrück

Die Kinder teilen sich hüben und drüben der Straße auf, der Fänger steht in der Mitte. Auf ein Komando des Fängers („jepp") rennen die Kinder auf die jeweils andere Straßenseite. Der Fänger hat die Aufgabe, Kinder abzuklatschen, die nun wiederum zum Fänger werden.

Schnellern (Murmelspiel)

Man braucht eine Delle im Boden oder einen mit Kreide aufgemalten Kreis, viele Mitspieler, Murmeln und eine mit Kreide aufgemalte Startlinie im Abstand von 5 bis 8 Schritten zur Delle oder zum aufgemalten Kreis.

Die Spieler versuchen im Wechsel, eine Murmel in die Delle oder in den aufgemalten Kreis zu „schnippen". Wer die meisten bereits nach dem ersten Wurf in der Delle oder im Kreis hat oder wer seine Murmel dort am nächsten platziert hat, beginnt nun, seine

andern „Schneller" ins Loch zu schnippen. Wenn einer nicht trifft, ist der nächste dran. Wer seine letzte Murmel als erster einlocht ist Sieger.

Ochs am Berg

Ein Kind wird als „Ochs" ausgewählt, der sich daraufhin mit dem Gesicht gegen eine Mauer, Hauswand oder ähnliches stellt. Alle anderen Kinder stellen sich im Abstand von ca. 20 – 30 Meter ihm gegenüber auf. Der Ochs ruft nun „Eins - zwei - drei - vier - Ochs am Berg", währenddessen sich die Kinder schrittweise auf ihn zu bewegen dürfen. Beim Wort „Berg" dreht sich der Ochs um und alle Kinder der Gruppe müssen wie versteinert in ihrer Bewegung verharren. Erwischt der Ochs ein Kind in Bewegung, muss es zurück an den Start. Schafft es ein Kind, den Berg zu erreichen, hat es gewonnen, das heißt es darf nun den Ochs spielen und das Spiel beginnt wieder von vorn.

Isabella und Nick spielen „Teddybär"

„Hopfetse" oder Himmel und Hölle

Der erste Spieler beginnt. Er stellt sich auf das Feld ERDE. Von dort aus wirft er einen flachen Stein in das erste Feld. Trifft er, darf er loshüpfen. Verfehlt er den vorgeschriebenen Kasten, ist der nächste Spieler an der Reihe.

Danach hüpft er Kästchen für Kästchen von der ERDE aus zu HIMMEL. Das Feld, in dem der Stein liegt, wird übersprungen. Nach einer kurzen Ruhepause im HIMMEL, hüpft er zurück zur ERDE. Das Feld HÖLLE überspringt er natürlich, denn in die Hölle möchte ja keiner kommen.

Die Kästen der Zahlen 4 und 5 sowie 7 und 8 werden mit einem Grätschsprung zurückgelegt.

Vor dem Kästchen mit dem Stein (in diesem Fall Feld 1) macht der Springer halt und hebt den Stein auf. Danach überhüpft er dieses Feld und landet auf der ERDE.

Nun wirft er erneut den Stein. Dieses Mal auf das Feld mit der Zahl 2. Trifft er, darf er jetzt auf die 1 hüpfen, die 2 überspringen und auf der 3 weiter springen. Es geht wieder bis zum HIMMEL und zurück.

So bleibt der Spieler an der Reihe, bis er falsch wirft bzw. seinen Kasten nicht trifft. Er merkt sich seine Zahl bei der er ausschied und macht, wenn er wieder dran ist, dort weiter.

Der nächste Spieler kommt auch zum Zug, wenn sein Vormann auf den Rand des Hüpfkastens oder neben ein Feld hüpft.

Beim nächsten Spieler beginnt das Spiel wieder bei 1 und so weiter.

Welcher Spieler schafft zuerst den Weg mit seinem Stein bis in den Himmel?

Himmel und Hölle